憲法劣化の不経済学

日本とドイツの戦後から考える

相沢幸悦
Aizawa Koetsu

日本経済評論社

はしがき

２０１２年12月に政権復帰した安倍晋三首相が、日本銀行にすさまじい政治的圧力をかけると、円安と株高が進んだ。13年４月に日銀が「異次元緩和」に大転換すると景気も回復基調をみせ、安倍政権の内閣支持率が上昇した。

そうすると、右翼（ナショナリスト）的な安倍カラーが前面に出てきた。

２０１３年12月には、現代版「治安維持法」といわれる「特定秘密保護法」を国会で強行採決した。同法は、国民の知る権利、「集会、結社及び言論、出版その他一切の表現の自由」を侵害するもので、あきらかな「憲法」違反である。

数の横暴と批判され、内閣支持率が急落したものの、なんと、じきに回復してしまった。日銀のおかげなのに、自分が支持されていると誤解した安倍首相は、ついに２０１３年12月に悲願の靖国神社参拝を強行した。とうぜん、中国や韓国は猛反発したが、不思議なことに、中国では、かつてのような過激な反日行動はおこらなかった。

中国政府が故あって反日行動を抑え込んだだけのことであったが、そのことが、安倍首相をして、自分が国際的にも正当な主張をしているからだと誤解させてしまった。

ここで、中国などは、日本は、侵略戦争を反省しないとんでもない国だという国際世論を盛り上げようとした。日本は、侵略戦争を「憲法」9条などで真摯に反省しているにもかかわらず。

同じ敗戦国（旧）ドイツといえば、侵略戦争をほとんど反省していない、というと奇異に感じられるかもしれないが、じつは、ドイツは、ヒトラーに代わって、ホロコースト（ユダヤ人の大虐殺）を謝罪してきただけのことである。

なぜか政権に復帰できた安倍首相といえば、日銀に金融政策だけでなく、「経済政策」も押し付けて、景気を高揚させ、内閣支持率が高いうちに、侵略戦争を正当化し、隣国に謝罪ばかりしてきた卑屈な「戦後レジーム」から脱却しようとした。

「国際社会において、名誉ある地位を占め」るための大前提は、アメリカと一緒になって世界中で戦争ができるようになることであって、そのためにはどうしても「憲法」を変えなければならないというわけである。

とはいえ、「憲法」改正（正確には改悪）はハードルが高いので、とりあえず集団的自衛権を行使できるように「憲法」解釈を変更しようともくろんだ。だが、「憲法」9条の解釈を変更して、集団的自衛権を行使できるようになれば、侵略戦争の反省を止めてしまったということになる。これぞ「憲法」劣化にほかならない。

安倍首相は、「日本国憲法」はアメリカによって押し付けられたから改正しなければならないと声高にわめくわりには、一貫しない行動をとってきた。

2014年4月におこなわれた日米首脳会談で、解釈の変更で集団的自衛権を行使できることをオバマ米大統領によって支持されると、鬼の首でもとったかのように、解釈改憲の正当性を主張した。「対米従属」の卑屈外交といわざるをえない。

こんなことでは、お世辞にも安倍氏は、本来の意味での「保守」政治家とはいえないであろう。本来の「保守」というのは、国家の尊厳と矜持をあくまで維持するものであると考えられるからである。

かくして、2014年5月15日に、首相の私的諮問機関である「安全保障の法的基盤の再構築に関する懇談会」が、「憲法」解釈の変更で集団的自衛権の行使や集団安全保障への参加は可能であるという報告書を安倍首相に提出した。

安倍政権は7月1日、ついに現行「憲法」下でも集団的自衛権を行使できるとの閣議決定をおこなった。

２０１４年11月には、安倍首相は、とつじょとして衆議院を解散し、12月14日に投開票がおこなわれた。自民党は２９１議席を獲得するという圧勝に終わった。政権与党で引き続き3分の2を占めた。

いよいよ安倍政権は、原発の再稼働、集団的自衛権行使のための法整備に進む。

こうしたなかで、中国が日本を、侵略戦争を反省しないとんでもない国だとか、「対米従属」の日本は、アメリカの「手先」だという国際世論を醸成することに成功すれば、日本は、進みつつあるアジアの経済統合に参加することができなくなってしまう。

それは、日本の「経済的な国益」をいちじるしく損なう。そうすると、いまのような生活水準を維持することなど不可能になる。

侵略戦争を反省していないと受け取られる行動をとることで、「国際社会において、名誉ある地位を占め」られず、庶民が「健康で文化的な最低限度の生活を営む」ことができなくなるとすれば、これは「憲法」劣化というよりも、「憲法」違反かもしれない。

さらに、安倍首相が日銀に押し付けた2％のインフレ目標が達成されれば、「憲法」に定められた財産権が侵害される。預貯金金利を上げずにインフレがおこれば、国民の預貯金が目減りするからである。物価が上がるなかで、年金の引き下げがおこなわれていることもしかり。

ここでも「憲法」が劣化させられている。

そもそも、ドイツでは、「インフレ誘導」などは、「憲法」（正確には「基本法」）で禁止されている。

本書では、現行「憲法」を遵守することこそ、日本の「経済的な国益」ということをあきらかにする。

ドイツは、ホロコーストを徹底的に謝罪し、戦争責任・戦後責任をはたして過去の克服をおこなったといわれている。

そのことで、ヨーロッパに受け入れられ、経済統合に参加することができたし、ユーロ導入によって、巨大な経済的果実を獲得している。おかげで、ドイツ国民に対して、あくまでも高負担が前提ではあるが、高賃金・高福祉・長期有給休暇などを提供できている。

日本政府は、解釈改憲や日本銀行へのインフレ目標の押し付けなどで「憲法」を劣化させるのではなく、現行「憲法」を遵守し、国際社会で名誉ある地位を占め、庶民が健康で文化的で、ほんとうの意味で可能なかぎり豊かな生活を営めるようにする責務を負っている。これこそ、近代市民社会における国家の歴史的使命にほかならない。

ところで、同じ敗戦国（旧）西ドイツは、ヨーロッパの経済統合に参加することで、相対的に高い生活水準を維持し、ユーロを導入することで、健全財政のもとで安定的に経済が成長している。

戦後、アメリカとの連繋のもとで経済が成長してきた日本はといえば、1990年代に平成大不況にみまわれ、2000年代には、日本経済を支えてきた輸出が減退し、貿易はついに赤字基調に転換した。

日本経済が生き残っていくには、ヨーロッパのドイツのように、アジアにマーケットを求めるしかない。そのことをあきらかにすることは、長きにわたりドイツ経済を勉強してきたドイッチェ・シューレの歴史的使命だと思う。

経済成長を持続させるために、アジアの経済的「支配」をもくろんでいるとみられる中国は、アジアのマーケットから日本を排除する「高等戦略」を実行しつつあるように思えてしかたない。もし、そうだとすれば、日本の国益のために、その戦略を見抜いたうえで、慎重な対応をしなければならない。

本書は、あくまでも「憲法」劣化が、日本の経済的な国益にいかに反するか、をあきらかにしている。したがって、「憲法」解釈や政治学の分野などについての言及は、慎重におこなっているつもりである。

本書でとくにことわらないかぎり、世界の「憲法」の条文については、『新版　世界憲法集第2版』（高橋和之編、岩波文庫、2012年）による。

「世界遺産」にとか「ノーベル平和賞」を、とまでいわれる「日本国憲法」9条が、ときの政権によって、都合のいいように解釈され、劣化されつつある。

かつて、『軍拡の不経済学』という本が出版されたことがある（田中直毅著、朝日選書、1982年）。これは軍拡が経済成長の阻害要因になるというものだった。最近、『劣化国家』という本が出版された（ニーアル・ファーガソン著、東洋経済新報社、2013年）。こちらは先進国の衰退という未来像を示している。本書のタイトルは、このふたつの本からヒントをえた。

本書は、「日本国憲法」の劣化が、日本経済に深刻な打撃をあたえるという警告を発するために執筆した。本書が日本の将来を考えるうえでの一助になれば幸いである。

本書の執筆にあたって、日本経済評論社の鴇田祐一氏には大変お世話になった。記して感謝の意を表する次第である。

2014年12月

平和で豊かなアジアの日本をめざして

相沢幸悦

憲法劣化の不経済学＝目次

憲法劣化の不経済学

プロローグ―劣化する日本国憲法

なぜか復活した安倍首相

2012年12月、かつて政権を投げ出した安倍晋三氏がなぜか総理大臣に返り咲いた。先立つ自民党総裁選で有力候補とされた石破茂氏が自民党長老にうとまれたからだという。氏は、かつて落ち目の自民党を裏切って他党に寝返り、出戻った人物である。

安倍氏は、消去法で選ばれただけであって、たんに運がよかっただけのことである。運も実力のうちといわれるが、安倍氏の強運は、その後もしばらく続いた。それが日本の悲劇につながるかもしれないということに、多くのひとびとはじきに気が付かされた。

安倍氏は、筋金入りの右派（ナショナリスト）政治家である。第一次安倍政権で「教育基本法」を改正（正確には改悪）し、「憲法」改正（改悪）のための「国民投票法」の制定などをして、いざ「憲法」改正となったら、参議院選挙で大敗してしまった。

それでも、なんとか居座ろうとしたが、批判がはげしく政権を投げ出してしまった。

それにしても知恵者はいるものである。しばらくして、投げ出したのではない、難病のため首相の激務に耐えられないからだとしたのであろう。そうしないと政治生命が完全に断たれてしまうからである。

このとっさの策がズバリ的中し、雌伏5年、ついに総理大臣の座に復帰した。心やさしき日本国人は、5年も前のことなどすっかり忘れてくれたかのようであった。

主流派経済学の放棄

政権を放り出してからというもの、安倍氏は、おそらく総理大臣への復帰をひたすら夢見たことであろう。政権放り出しの汚名を返上して、お釣りがくるような名宰相になろうとかたく決意したとしても不思議ではない。

ところが、そうそうかんたんに名宰相などなれるはずもない。

5年あまりにわたって長期政権を維持した小泉純一郎元首相は、いい意味でも、悪い意味でも、数少ない「名」宰相だったかもしれない。それでも首相当時からすでに経済・賃金格差などが拡大し、いまでも庶民の「敵」とのそしりを受けている。

小泉氏は、名誉回復のためなのか、原発推進の第二次安倍政権下で、脱原発をぶち上げている。

　２０１４年２月９日投票の東京都知事選では、なんと脱原発をかかげる細川元首相の応援にまわった。だが、細川氏は惨敗し、それからというもの小泉氏は表舞台から消えた。

　安倍氏は、おそらく、どうしたら「名」宰相になれるか、わからなかったことだろう。持論である「憲法」改正によって、「美しい国」、「世界に尊敬される国」を作り上げるといっても、庶民の高い支持などえられるはずもない。

　野に下って浪人生活をするなかで、庶民は、自分の暮らしがよくなるかどうかに、大きな関心があるのだ、ということを教えられ、ハタと気が付いたことだろう。

　裕福な政治家の家庭に育ち、生活の不安などなかった安倍氏が、庶民のせつなる願いを少しでも理解できるとすれば、それはそれとして大きな「前進」かもしれない。

　だが、難問は、歴代政権が、消費者物価が持続的に下落するデフレと長期不況の克服に取り組んできたはずなのに、どうしてダメだったかをあきらかにすることである。それがわかれば、おのずと打つ手が出てくる。

　そこで、いろいろな学者やエコノミストなどからヒアリングを受けたようである。そこで、歴代政権が、「主流派」経済学にたよったからダメだったのだとの結論に達した。

デフレは貨幣的現象

「主流派」経済学の主張というのは、消費者物価が下がり続け、不況が長期化するデフレは、新自由主義者のミルトン・フリードマンがいうように「貨幣的現象」ではなく、政府の経済政策によってしか克服できないというものであった。

したがって、「主流派」経済学者は、公共投資によって需要を増やせと主張していた。

自民党政権のデフレ克服策が、旧態依然たる公共投資であったのはそのためである。ところが、いっこうに、デフレが克服されないばかりか、財政赤字が膨れ上がる一方であった。それは安倍氏もわかっていた。

民主党に政権交代したら、コンクリートからひとへということになり、子育てや教育などに財政資金が投入された。公共投資よりは、少しはましであったかもしれないが、デフレを克服することはできなかった。

デフレの根本的要因というのは、退出させなければならない衰退産業を、財政出動により、長きにわたり居坐らせたために、ＩＴ産業などのあらたな成長産業の登場を阻害してきたことにある。

それは、現代資本主義では、「恐慌」が勃発しなくなったことによるものである。

安倍氏は、浪人して、いろいろなひとから話を聞くうちに、デフレは「貨幣現象」なのに、日銀が徹底的な金融緩和をサボタージュしてきたので、克服できないとの「非主流派」の経済学者の主張に巡り合うことができた。

この主張に安倍氏は、小躍りしたことだろう。なにせ、公共投資をおこなわなければ、財政赤字が膨れ上がることはないし、なによりも、「経済政策」の失敗の全責任を日銀に押し付けられるからである。魔法（ほんとうは「麻薬」）のような方法である。

この考え方に飛びついたのは、安倍氏が、かつて日銀に煮え湯を飲まされたという苦い経験があったからでもあろう。

安倍氏が小泉政権の官房長官だった2006年3月、日銀は、デフレが克服されたとして、流通現金と銀行が日銀に開設している当座預金を増やす量的緩和政策を終了した。

安倍氏は、量的緩和を続けるように、要請したにもかかわらず、日銀は、まったく聞く耳をもたなかった。

ところが、その後、量的緩和の終了時にすら、消費者物価が下落していたことがあきらかになり、デフレが深刻化していった。このときは、安倍氏の主張が正しかったということになる。

こうして、総理大臣に復帰できたら、日銀に大胆な金融緩和をおこなわせれば、超円高を克服でき、デフレを克服できると確信するようになった。日銀への「意趣返し」をかたく誓ったことだろう。

日銀攻撃がズバリ的中

安倍氏は、２０１２年９月に自民党総裁の座を射止めるや、ただちに日銀攻撃のノロシをあげた。

超円高是正とデフレ克服のために、日銀に大胆な金融緩和をおこなわせる。逆らう日銀総裁は首を切る。そのためには、「日本銀行法」改正（正確には改悪）も辞さないと息巻いた。

不思議なことに、それだけで急激に円安と株高が進んだ。安倍氏は、これに、たしかな感触を感じたことだろう。

だが、しかし、円安への反転というのは、まったくの歴史の偶然であるが、日本経済の没落がはじまる時期とオーバーラップしていただけのことである。

すなわち、日本企業の大規模な海外進出、輸出企業の国際競争力の低下などによって、貿易収支が、恒常的に赤字に大転換する時期だったというだけのことである。貿易赤字国の通貨が強すぎるということはありえない。歴史の偶然の悲劇だろう。

それにもかかわらず、日本国民は、安倍氏が政権に復帰すれば、円高を是正して、デフレを克服してくれるし、長期不況から救い出してくれるとの淡い期待をいだくようになった。

しかたのないことである。円安基調への転換というのは、ほんの一部の専門家しか知らなかったことだからである。

かくて、２０１２年12月におこなわれた総選挙で自民党が圧勝した。それは、ひどすぎた当時の民主党政権に、国民が愛想をつかしただけのことであったが、安倍氏は、ふたたび悲願の首相の座に復帰した。

かつての失敗を繰り返さないように、日銀にさらなる圧力をかけた。

白川前日銀総裁は、しかたなく、２０１３年１月に開催した金融政策決定会合で、それまで頑強に拒み続けてきた「インフレ目標」を導入せざるをえなかった。

もしも、安倍首相に逆らえば、「日銀法」改正（改悪）によって、せっかく獲得した、日銀の独立性が政府に奪い取られてしまうからである。日銀の政治からの独立性がいかに大事なことかなど、安倍氏に講義しても、とうてい理解してもらえないであろう。

聞くところによれば、白川氏はこの時期、安倍氏の政治的圧力にストレスがたまり、酒を飲んだときなどかなり荒れていたという。

安倍首相は、運よく任期切れとなる日銀総裁・副総裁の後任に、自分の意を受けて金融政策を遂行してくれる人物をすえた。

ただ、日銀の抵抗で二人の副総裁のうち一人は、日銀プロパーをいれざるをえなかった。金融政策の継続性の確保のためには、専門家がどうしても必要だからである。

かくして、日銀の黒田新体制のもとで2013年4月3・4日に開催された金融政策決定会合で、常識はずれの「異次元緩和」、「質的・量的金融緩和」が決定され、実行されている。

おかげで、円安がさらに進んだ。

そうすると、輸出企業が膨大な為替差益を獲得したこともあって、輸出企業を中心に株価が高騰していった。株価が高騰すると株式投資で儲けた投資家などが、高額商品の消費を増やしたこともあって、景気が好転していった。

こうしたなかで、2013年7月に参議院議員選挙がおこなわれた。

とうぜんのごとく自民党が圧勝した。

長く続いた衆議院と参議院のネジレ現象が解消された。決められない政治から、決められる政治に転換したといわれた。だが、決めればいいというものでもないということに、ひとびとが気付くのに、さほど時間がかからなかった。

馬脚をあらわした安倍政権

参議院選挙で圧勝すると最長で3年間は国政選挙がない。日銀に「景気対策」をまかせていれば、景気が後退することはないので、政権の支持率が低下することはない。

おかげで、安倍首相は、悲願である、みずからの信ずる「国造り（ただし、庶民には地獄）」に専念することができた。

参議院選挙の前であったが、安倍首相は、「憲法」96条の改正を提起した。「この憲法の改正は、各議院の総議員の三分の二以上の賛成で、国会が、これを発議し、国民に提案」するというのが96条であるが、この条項を変えて、過半数にするというものであった。

ところが、これには、少なからぬ「憲法」改正賛成論者すら反対した。「憲法」というのは、権力が独走しないように、縛るものであって、これが立憲主義といわれるものである。それを緩めるというのは、権力が勝手なことができるようにするものだからである。

さすがの安倍首相も96条改正を取り下げた。

参議院選挙後の特別国会は、「経済成長国会」とされたはずであった。ところが、円安が進み、株価も堅調なこともあって、安倍首相は、みずからの信ずる、あしき「国造り」に突っ走っている。

２０１３年12月には、現代の「治安維持法」としてはげしい批判をあびた「特定秘密保護法」を強行採決した。

政府は、当初、防衛や外交などの国家機密を漏洩したものに厳罰を科すというものだと説明していた。ところが、法案は、国家が勝手に決めた機密を、漏らした方も、それをバラした方も懲役最高刑10年に処すというものである。

これでは、「憲法」で保証された言論の自由を侵害し、国民の知る権利を奪うものだと轟々たる批判が巻き起こった。

国家権力の横暴を監視するには、国家が、どのような政治をおこなっているかが、詳細にあきらかにされなければならない。しかも、国民がそれを知ることができるのは、新聞などの報道によってである。

だから、国民の知る権利を保証するために、「憲法」21条で、「検閲は、これをしてはならない」と定められている。

政府に都合の悪い報道を検閲して国民に知らせなければ、いつの間にかB29が東京上空にあらわれて、爆撃されたということになりかねないからである。その結果、20万人あまりもの尊い命が奪われた。

明治維新以来、庶民は「愚か」なので、政治家と官僚、軍人が国家の行く末の舵取りをしなければならないという驕りが、結局は、無謀な戦争への道を突き進ませることになってしまった。

アメリカといえば、「国益」のためと称して、2003年3月にイラク侵攻をおこなった。

侵攻の正当化のために、「大量破壊兵器を隠し持っている」と言い張った。これは真っ赤なウソであった。

その帰結は、なんの罪もない10万人以上ものイラク市民の尊い命が失われるということにほかならなかった。

「悲願」の靖国参拝

首相就任1周年となる2013年12月26日、安倍氏は、悲願の靖国神社参拝を強行した。第一次安倍内閣のときに、靖国参拝ができなかったことが、「痛恨の極み」だったからだという。

じつは、アメリカは、事前に安倍首相の靖国参拝を牽制していた。直前の10月30日に、米国務長官と国防長官が来日したさいに、靖国神社ではなく、千鳥ヶ淵の戦没者墓苑を参拝していた。この墓地には、身元のわからない戦没者が葬られている。

ところが、侵略戦争を遂行したA級戦犯と、国家によって「赤紙（召集令状）」一枚でむりやり徴兵された兵卒を一緒に祀っているのが靖国神社である。

職業軍人ではない兵卒たる無名戦士を祀り、非戦を誓うのが無名戦士の墓である。諸外国では、外国からの要人などは無名戦士の墓にお参りする。ただし、ドイツでは、ナチ戦犯が祀られていた墓に外国要人がお参りするのはおかしいということで、無名戦士の墓があらたに建立

された という経緯がある。

日本も国民が非戦の誓いをし、外国の要人がお参りするために、靖国神社がA級戦犯を分祀するか、それができないのであれば、ドイツのように、無名戦士の墓を建立すべきである。

しかしながら、それはむずかしい。というのは、日本では、A級戦犯も無名戦士も前世の所業にかかわらず、亡くなるとひとしく仏様になる、すなわち成仏するからであろう。もちろん、それだけではない。

もし、そうすれば、日本が侵略戦争を認めたことになってしまい、謝罪し続けなければならないからである。安倍氏などは、先の戦争は侵略戦争ではないという立場をとっているようである。なにを根拠にしているのかは不明であるが、侵略戦争についての定義もないという。

だから、どうしても靖国神社で参拝しなければならないのであろう。

これは、「いかなる宗教団体も、国から特権を受け」てはならない、国は、「いかなる宗教活動もしてはならない」という「憲法」20条に違反するかもしれない。

よしんば、最高裁判所が合憲としても、「憲法」の精神を踏みにじり、「憲法」を劣化させる行為にほかならない。

小泉元首相以来の現役首相の靖国参拝に、とうぜんのごとく中国と韓国は猛反発した。

ただ、安倍首相の誤算は、同盟国であるはずのアメリカからも「失望した」というコメントが出されたことであろう。アメリカは、靖国参拝をしないようにと、事前にメッセージを送っていたからである。

なのに、なんで、ということなのであろう。

ここで不気味なことは、中国の反応がきわめて冷静なことであった。そこには、中国のしたたかなたくらみがあると思われる。

アジアでの日本包囲網の構築

安倍首相は、就任以来、積極的な外国への訪問外交をおこなってきた。アジアでは、安倍氏に強硬に反発する中国と韓国を除く国々を頻繁に訪問してきた。中韓包囲網の構築である。

しかしながら、安倍首相の靖国参拝を契機に中韓は反撃に転じた。

それまでは、あまりにも露骨な反日を繰り広げる韓国には、国際的な反発が出ていた。中国は、一方的に日本に喧嘩を売るような防空識別圏の設定がアメリカなどからも批判され、国際的に孤立しつつあった。

この中韓に事実上の「助け船」を出したのが安倍首相の靖国参拝の強行だった。なんと、「敵」に塩を送ってしまったのである。安倍氏の外交「音痴」のなせるワザだったのであろう。

従来であれば、現役首相が靖国参拝を強行すれば、中韓では、すさまじい反日デモが燃え広がった。ところが、安倍首相の靖国参拝にさいして、とくに中国の対応が奇妙なほど「冷静」であった。それは、中国政府が反日デモを抑え込んだからである。

もちろん、中国では、反日デモが、反共産党デモに飛び火するのを回避するためである。共産党支配と党官僚の汚職に対する中国国民の怒りはすさまじいものがある。とはいえ、どうしても、それだけだとも思えない。

アメリカばかりか、ヨーロッパからも靖国参拝への批判が噴出したので、中国がさわぐ必要がないと判断したのだろう。

日本というのは、侵略戦争を反省しないばかりか、正当化するような国、近隣諸国と互恵関係を踏みつぶすような国という国際世論を醸成しようとしている。

それは、アジアの地域統合に、日本・中国という世界第二位と三位の経済「大国」が参加することはむずかしいからであると考えられる。「両雄並び立たず」である。

日本をアジアの経済統合から追い出して、中国がアセアン諸国などを取り込んでアジアの地域統合を推進すれば、その経済的果実を独占できる。

異常ともいえる高度経済成長がほぼ終息した中国は、軍備の拡張とアジアのマーケットの独占的獲得という成長戦略を構築していると考えられる。その策略に安倍氏は、まんまと引っ掛かったのかもしれない。

中国では、反政府抗議行動がはげしくなっているが、武力だけで、それを鎮静化させることはできない。ましてや、天安門事件のように、はげしい弾圧をすると国際世論が反発する。圧倒的多数のひとびとが立ち上がると、いくら中国共産党の軍隊といえども人民解放軍は、庶民に銃口を向けることはできない。

新疆ウイグル自治区に行ったことがあるが、漢族が経済的利益を独占している。人口の多くを占めるウイグル族が経済的に漢族なみに豊かになれば、漢族支配に対する反発も多少はおさまるかもしれない。もちろん、そんなに単純ではないが。

もし、そうであるとすれば、経済を成長させて、国民の生活水準を引き上げるしかないということになる。

一方で、政権基盤が弱いといわれる習政権は、一方的な主張であるとしても、中国の「核心的利益」である尖閣諸島、南シナ海での領有権をなんとしても確保しなければならない。

ここで、妥協したり、退いたりすれば、習政権は、崩壊の危機にいたってしまう。

南シナ海での衝突

こうした、「核心的利益」の確保のための行動が、日本をアジアの統合から排除し、経済的果実を確保するという中国のアジア戦略を台無しにするような事態が発生した。

中国の大型監視船が、ベトナムの警備艇に体当たりをし、高圧放水銃によって攻撃するという事件が、2014年5月7日に発生した。

中国海事局は3日、南シナ海の西沙諸島周辺で、海底資源の掘削作業をはじめるとベトナム側につたえた。とうぜんながら、ベトナムは、30隻弱の海上警察や企業監視部隊の艦船を現場海域に派遣した。

ベトナム政府によれば、中国は、少なくとも7隻の軍艦を含む82隻の艦船をベトナム沖に派遣し、掘削作業を強行したという。

この石油採掘作業を阻止しようとしたベトナムの警備艇に、中国の大型監視船が体当たりしたのである。窓ガラスが割れ、複数のベトナム乗務員が負傷したといわれている。

中国側は、高圧放水銃の使用は認めたが、現場の安全保護を強化するための、最低限の措置だと主張している。

同じ7日、中国外務省の華春瑩副報道局長は、南シナ海の南沙諸島で中国国民の乗った漁船がフィリピンの海上警察に拿捕されたことをあきらかにした。中国は海警局の船を現場海域に派遣した。

この漁船からは、捕獲が禁止されている500匹ものウミガメが発見されたという。それでも、中国は、即時釈放せよというのであろうか。

中国が南シナ海で強硬な行動をとっているのは、そうしなければ、習近平政権が国内を抑え切れないからであるといわれている。

こうした行動に対して、中国は、国際的な批判をあびている。

とくに、東南アジア諸国連合（アセアン）は、2014年5月10日に開催した外相会議で、南シナ海で緊張が高まっていることに「深い懸念を表明し、平和的な方法での解決を求める」という共同声明を発表した。

11日には、ミャンマーの首都ネピドーで首脳会議を開催し、すべての関係国に自制と武力に訴えることなく、平和的解決を求めるとする「ネピドー宣言」を採択した。

この宣言では、領有権をめぐる紛争を解決するために、法的拘束力のある「行動規範」を早期に策定すべく、中国との協議を継続し、法にもとづいた平和的な解決をめざすことの重要性がうたわれている。

このように、中国が、武力によって、領有権などを強引に主張し、実際の行動に出れば、ますます国際的な批判をあびることになる。それでも、「核心的利益」を守るためであれば、やめることはないであろう。しかも、本当に政権維持のためであれば。

日本などで、武器輸出が容認され、集団的自衛権を行使できるように、「憲法」解釈を変えるような動きが出てきているのは、安倍政権の右派的な政治姿勢もさることながら、こうした中国の行動が、そうさせているのでもあろう。

「憲法」劣化の蹉跌

この中国のアジア戦略を成功に導くかもしれない極め付けは、おそらく日本政府の公式見解である現行「憲法」9条の解釈で、「保有しているが行使できない」とされてきた集団的自衛権を、「行使できる」という解釈に変えること、すなわち解釈改憲にほかならない。

安倍首相は、「憲法」改正を容易にするために、とりあえず、国民投票手続きを定めた96条を変えようとしたが、批判が強く取り下げざるをえなかった。

そこで、安倍政権は、「憲法」解釈を変更して、集団的自衛権を行使できるようにすることをもくろんだ。

そのために、安倍首相は、みずからの息のかかった人物を内閣法制局長官（後に健康上の理由で退任）にすえた。安倍氏の期待にこたえて、国会答弁では、従来の政府見解である「行使できない」と明確には主張しなかった。

アメリカの世界戦略は、自国の防衛ということもさることながら、自国の利益（これが国益といわれる）になるかどうかによって構築されている。

アメリカは、イラク侵攻を対テロ防衛戦争だと主張したが、国際法上は侵略そのものであった。しかも、侵攻の大義名分とされたイラクが大量破壊兵器を隠し持っているということそのものが、真っ赤なウソであった。

もしも、当時の小泉政権が集団的自衛権を行使できるという「憲法」解釈をしていたとすれば、自衛隊は、サマワなどの「安全」な「非戦闘地域」ではなく、米軍と一体となって武力行使をおこなっていたはずである。

アメリカがウソをついてはじめた侵略戦争に手を貸した当時の英ブレア政権は、国民と議会からすさまじい非難の嵐にさらされた。おそらく、日本も同じ過ちを犯したことであろう。

安倍政権は、2014年5月15日に首相の私的諮問機関である「安全保障の法的基盤の再構築に関する懇談会（安保法制懇）」が提出した報告書にもとづいて、7月1日に閣議決定で「憲法」9条のもとで集団的自衛権を行使できると解釈を変更した。

集団的自衛権を行使できるとなれば、アメリカは、かなりのアジア戦略を日本に肩代わりさせるであろう。

日本ほどではないが、膨大な財政赤字をかかえるアメリカは、アジアで最先端の軍事力を保持しながら、通常の軍事行動を日本に担わせようとするはずだからである。

アジアにおけるアメリカの「尖兵」の役割を担うようになれば、日本は、中国などの「敵国」となるであろう。アメリカの「仮想敵国」こそ、中国にほかならないからである。

かくして、日本は、アジアでも「経済的な国益」の確保もむずかしくなるであろう。

このように、安倍政権のもとで日本は、戦後の歩んできた道を大転換しようとしている、ということがわかる。しかしながら、第二次世界大戦でヨーロッパ諸国などを侵略したドイツは、日本とは、質的にかなり違った道を歩んできている。

ドイツのヨーロッパ戦略

日本とともに第二次世界大戦で敗北し、廃墟（ただし、経済力は確保された）と化した同盟国ドイツは、戦後、数奇な運命をたどった。先進国で唯一、東西に分割されたからである。

広大な東欧マーケットとともに、東ドイツ農業地帯を失った（旧）西ドイツ（正式にはドイツ連邦共和国）は、経済的な側面からも西ヨーロッパ統合に参加せざるをえなくなった。

統合ヨーロッパでは、ドイツとフランスという大国が併存し、本来は、「両雄並び立たず」となるはずである。だが、ドイツは、フランスのヨーロッパ統合の主張に逆らうことはできないという、すぐれて戦後的な特殊事情があった。

それは、ひとつは、侵略戦争と、ナチス・ドイツによるユダヤ人の大量虐殺（ホロコースト）への「反省」から、経済的利益の獲得にのみ専念するという戦略を構築したドイツが、フランスを立てて、政治的に跳ね上がらないと決意したことである。

これこそが、ドイツの戦争責任・戦後責任の究極の取り方であったと考えられる。

もうひとつは、西ドイツは英米仏三カ国によって、(旧)東ドイツ(正式にはドイツ民主共和国)はソ連によって分割占領され、西ドイツが、とくにフランスに逆らうことができなかったことであった。

それは、ドイツの悲願であった東西が統一するためには、「国際法」上、占領(正確には信託)状態を解除する条約を占領四カ国で締結しなければならなかったからである。フランスにも調印・批准をしてもらわなければならなかった。

ドイツが直接侵略し、国土を蹂躙したフランスには、とくに気を使わなければならなかったのである。

戦後、西ヨーロッパで統合が大きく進展したのは、このような事情によるものであったが、やはり大前提は、侵略戦争に対する徹底した反省であった。それが不十分であれば、受け入れられるはずもなかった。

とはいえ、ドイツは、侵略戦争への謝罪はなんとしても回避したかった。というのは、徴兵された多くの兵卒も謝罪しなければならないからである。

さらに、ユダヤ人の大虐殺(ホロコースト)ですら、戦後長い間、多くのドイツ国民は、ナチスの仕業であって、その事実は、知らなかったと言い張っていた。

そこで、ドイツの政府首脳は、民族の誇りを堅持しながら、「国益」をなんとしても守りきろうとした。

こうして、ナチス・ドイツによるユダヤ人の大虐殺（ホロコースト）を、ヒトラーに代わって、ほんの一部の政治家が真摯に謝罪し続けることで、侵略戦争も「免罪」される戦略を練り上げたのである。

したがって、信じられないことであるが、じつは、ドイツは侵略戦争には、ほとんど謝罪していないのである。ホロコーストへの謝罪も戦後だいぶたってからのことである。

とはいえ、こうした戦略が功を奏し、ドイツは、西ヨーロッパの統合に参加することができて、統合ヨーロッパで相対的に国際競争力のあるドイツ企業がかなりの利益を上げ続けている。

そのおかげもあって、ドイツは、高負担とはいえ、ある程度の高賃金・高福祉・長期有給休暇を国民に提供できている。

1999年にユーロが導入されると、ドイツは、広大なヨーロッパのマーケットを事実上、単一通貨を有する「国内市場」にすることができた。

経済「強国」のドイツにとってユーロというのは、かなり割安だったので、ドイツ企業は、利潤機会を飛躍的に拡大することができた。

資産バブルが崩壊して、ギリシャ危機が勃発すると「労せずして」ユーロ安となって、膨大な為替差益を享受した。

こうして、広大な「国内市場」で企業が高い利益をあげているドイツは、域外でもユーロ安のおかげで貿易黒字が激増した。おかげで、景気は、かなりの好調さを持続してきた。

これは、戦後、ドイツが西ヨーロッパに受け入れられるような生き方をしてきたからである。日本と違って、1955年に再軍備をおこなったものの、軍事的にもNATO（北大西洋条約機構）の枠内で行動している。ほとんどの軍事行動は、NATOの指揮下でおこなわれている。

この戦後ドイツの生きざまは、岐路に立つ日本にとって、大いに参考になる。本書でドイツを考察の比較対象としているのはそのためである。

日本の侵略戦争の謝罪

世上いわれていることとは違って、敗戦後、日本の侵略戦争への謝罪は徹底したものであった。「憲法」9条で戦争を放棄したからである。

それだけではない。経済侵略の「尖兵」であった財閥本社の会社形態である純粋持株会社を「独占禁止法」9条で禁止したのである。「独禁法」9条がもう「ひとつの9条」といわれるゆえんである。

このふたつの9条こそ、日本の侵略戦争に対する真摯な反省なのである。

よく、「憲法」は、アメリカに押し付けられたのだという主張があるが、立案にさいして日本はかなり関与している。それはともかく、日本を二度と戦争のしない、平和で民主主義的な国に作り変えるという理念は、きわめて崇高なものであるといえよう。

アメリカを中心とする占領軍のイニシアティブのもとに、戦前の軍国主義的な国家権力の基底を構築していた財閥の解体と大地主を追放する農地解放が断行された。労働改革もおこなわれた。

こうして、平和で民主主義的で、しかも経済・賃金格差があまり大きくない日本を構築することができた。

このように「ふたつの9条」、「一連の制度改革」が日本の侵略戦争への真摯な反省にほかならない。わたしたちは、このことをけっして忘れてはならない。

よく、日本の政治家などが侵略戦争を美化するような発言をするので、ドイツと違って、日本は、侵略戦争を真摯に反省していないといわれる。しかしながら、そもそもドイツ自体が侵略戦争を反省などしていない。

純粋持株会社の設立は、企業活動の活発化のために1997年に解禁されたものの、戦前の財閥本社のようなものは、いまでも設立が禁止されている。「憲法」9条で戦争を放棄したのに、どうして、「改正」しなければならないのか、集団的自衛権を行使しなければならないのかわからない。

自衛隊の創設も解釈改憲によって可能となったのかもしれないが、専守防衛に専念している。「憲法」9条は、戦争を放棄したものの、自然権としての自国防衛のために、最低限の実力部隊を保有するというのは、そもそも合憲なのかもしれない。

ひとを殺していない「軍隊（政府見解では、自衛隊は実力部隊）」というのはすばらしいのではなかろうか。

アジアの経済統合への参加

日本は、1990年代初頭の資産バブルの崩壊による長期不況を契機に、経済成長ができなくなっている。70年代初頭に重化学工業主導の高度経済成長が、80年代末に資産バブルという金融セクター主導の経済成長が終結したからである。

しかも、不況と円高のなかで日本企業の海外進出が激増するとともに、輸出企業の国際競争力が低下してきたので、2011年から貿易収支は連続して赤字になっている。日本は、もはや「輸出大国」ではなくなっている。

日本銀行がどれだけ「大胆な金融緩和」・「異次元緩和」・「追加緩和」をおこなおうとも、日本経済を持続的に成長させることはできない。その副作用は深刻なものとなる。

こうしたなかで、企業は、なんとか収益を確保しようと、非正規雇用を増やしているし、政府は、膨大な財政赤字を減らすとして、消費税増税・年金減額・福祉切り下げなどをおこなっている。

その結果、個人消費は冷え込んでいる。これで、景気が本格的によくなるはずもない。

日本を地球環境に配慮しながら安定的に成長軌道に乗せるには、経済格差の縮小と福祉の充実が絶対不可欠である。分配を変えなければならないということである。しかしながら、それだけでは不十分である。国内市場が狭すぎるからである。

中国はともかく、アメリカのように広大な国内市場を有する国では、自立的な経済システムを構築することは、それほどむずかしいことではない。したがって、国土の狭いドイツやフランスなどは、地域統合を進めてきたのである。

日本がこれからもアメリカとの連繋のもとに生きていくという道もある。もちろん、それは、あくまでも日本国民の選択であって、ときの政権が軽々に決められることではない。

だが、ここで、われわれがいえることは、世界史の現段階において、アジアが経済統合に進むのは世界史の必然であり、日本も積極的に統合に参加しなければならないということである。

それは、ひとつは、日本は、これから貿易収支の赤字はもちろん、経常収支もいずれ赤字になるからである。アジアのなかで生きていくことによって、輸出を伸ばせば、経済もある程度は成長する。

ふたつ目は、１０００兆円あまりの政府と地方の借金をインフレの高進によって解消するのでなければ、アジアのなかで経済成長を実現し、緊縮財政を進めていく道しか残されていないということである。

三つ目は、地球環境への徹底的な配慮というのが、喫緊の課題となっているからでもある。このまま野放図なアジア諸国の経済成長が進めば、地球環境が絶望的なまでに破壊される。しかも、中国からの微小粒子状物資（ＰＭ２・５）のような大気汚染物資の飛来のように、日本もさらに甚大な被害をこうむる。

リーマン・ショック後の景気の低迷のように、世界経済が成長しないほうが、地球環境のためには、いいのではといわれることすらある。

西欧近代化以前のように、アジアの経済的地位は、いずれ欧米と逆転することは間違いない。地球環境に配慮し、アジアのひとびとの生活水準の向上のために、日本の経済力・技術力・資金力を生かすことができれば、日本も多少の経済成長が可能となる。

日本国「憲法」9条の堅持

アジアの経済統合にさいして、日本と中国という「両雄相並び立つ」ことはない。そうかといって、戦後のドイツのように、中国に統合地域の政治・軍事・外交をまかせ、日本が経済的果実の獲得だけに専念する、などということができようはずもない。ドイツには、あくまでも侵略戦争とナチス・ドイツによるホロコーストへの反省、冷戦と東西分割、東欧マーケットと農業の喪失という、すぐれて特殊戦後的な事情があったので、ドイツは、戦後、控えめに生きる選択をせざるをえなかったということにすぎない。

だから、第二次世界大戦後、ヨーロッパの経済統合が急速に進んだのである。

日本が経済活動に徹し、地域統合後の政治・軍事・外交を中国に委ねるとすれば、「土下座外交」という轟々たる批判がわき出てくることは、火を見るよりもあきらかである。

アセアン諸国は、ASEAN経済共同体（AEC）を2015年に発足させ、経済統合に踏み込むことになっている。しかしながら、中国が統合アジアを経済的に牽引することは、それほど簡単なことではない。

南シナ海での中国とベトナムとの政治的・軍事的衝突などで、アセアンが、反中国・親中国というふたつに分裂しかかっているからである。

さらに、そもそも、アジア諸国が経済統合に参加するのは、地球環境が保全され、ひとびとの生活水準が向上するような経済成長の実現を望んでいるからである。

アジアにとって、環境保全技術をはじめとする技術力やモノ作りの質では、どうしても日本が必要である。中国もできるであろうが、日本が参加することでようやく十全なものになる。

現行「憲法」9条こそ、戦前・戦中の中国や朝鮮半島に対する侵略戦争、およびアジア諸国を日本軍が蹂躙したことの真摯な反省を、「憲法」という最高法規に明記したものである。「憲法」9条を厳格に遵守することこそ、日本が戦争責任・戦後責任をはたし過去の克服をおこなうということにほかならない。

そのことによって、はじめて日本は、アジアの経済統合に参加することができる。その大前提は、侵略戦争への真摯な反省なのである。

国家は、国民の生命・自由・財産を守ることを国民と契約しているというのが、近代市民社会における国家概念である。「憲法」劣化によって、国民の生活が守られないとすれば、日本国家の国民に対する契約違反である。

侵略戦争をまったく反省していないと受け取られる行動をとることで、「国際社会において、名誉ある地位を占め」られず、庶民が「健康で文化的な最低限度の生活を営む」ことができなくなるとすれば、これはまぎれもなく「憲法」違反であろう。

第1章 日本の戦争責任・戦後責任

1 軍事主導の戦前の日本経済

(1) 市民革命の挫折

江戸時代の支配体制

徳川幕藩体制というのは、カール・マルクスにいわせれば典型的な封建制であった。幕府のもとに各藩と幕府直轄領があった。支配階級である武士は、上級武士から下級武士に整然とわけられており、幕政や藩政は上級武士が牛耳っていた。

この武士階級のもとに庶民は、農民・職人・商人という序列がつけられた。士農工商といわれる支配体制である。「最下層」の商人の下には、差別されるひとびとがおかれ、限定された地域に住むことを強制された。

農民・職人・商人というのは被支配階級であるが、その下に差別されるひとびとをおくことによって、それぞれがいがみ合い、支配階級に怒りの矛先が向かうのを避けることを意図した。もちろん、支配階級は、庶民の反乱に対しては徹底的に弾圧した。

ヨーロッパでは封建制末期に、近代市民社会への移行のための市民革命が勃発したが、日本では明治維新という形をとった。

市民革命は、イギリスやフランスでは、封建制の支配階級に代わって、新興ブルジョアジー（工業生産者）が権力を握るものであったが、明治維新は、封建制下で支配階級を形成していた上級武士に代わって、下級武士が天皇を担ぎ上げて権力の座につくというものであった。

したがって、学問的には見解がわかれているが、とうてい市民革命とはいえる代物ではなかった。

イギリスやフランスでは、庶民が立ち上がった。しかしながら、日本では、武士階級による権力の「たらい回し」だったので、庶民は、市民革命の主体にはなりえなかった。

庶民は、あたらしい時代の到来を喜んだからであろうが、「えーじゃないか」と踊り狂ったにすぎなかった。

日本の近代化が、封建的な色彩が色濃く、しかも侵略的な形で進められたのは、そのためである。

帝政ドイツの制度を踏襲

イギリスやフランスでは、封建制下での支配階級から権力を奪い取る市民革命をおこなうさいに、その正当性が必要であった。その国家概念が社会契約論であって、国家は、国民の生命・自由・財産を守ることを国民と契約しているという考え方である。

ところが、日本の近代化では、封建制下での支配階級が権力を握り続けたので、きわめて封建的色彩の強いものとならざるをえなかった。

したがって、百年あまり前の1789年に制定された「フランス人権宣言」3条にあるような、「あらゆる主権の淵源は、本質的に国民に存する」というような考えが、とられようはずもなかった。

日本が踏襲したのは、1871年にプロイセン主導で統一されたドイツ帝国（帝政ドイツ）の制度であった。マックス・ウェーバーがいうように、帝政ドイツは、皇帝のもとに、頑強な官僚制と強固な軍隊によって支配されていた。

日本は、この鉄血宰相オットー・フォン・ビスマルクの専制支配下にあった帝政ドイツの政治・軍事制度を踏襲した。封建制の残滓を色濃く有していた明治政府が、フランスなどのような政治体制をとることはできなかったからである。

ドイツは、イギリスやフランスに遅れをとり、自生的な産業革命はできなかったので、国家による「上からの産業革命」を遂行した。外国からの輸入品の流入を食い止めるために保護主義を導入し、全国的な鉄道網建設をおこなうことで、産業革命が進展した。

こうして、ドイツは、「上から」とはいえ、かろうじて本来の産業革命を実現することができた。帝政ドイツが成立すると、ビスマルクのもとで、「鉄と穀物の同盟」といわれる政策が遂行された。

鉄（軍事・重化学工業）と穀物（東ドイツ地域の大土地所有者ユンカー）が手を結び（鉄と穀物の同盟といわれる）、重化学工業化が進められたので、20世紀初頭にドイツは、アメリカとともに、重化学工業の生産力段階に移行した。

庶民が決起するという「下から」の市民革命をへたフランスやイギリスなどのような近代化ではなく、国家が「上から」強制的に近代化をはかった日本やドイツは、おのずと非民主主義的・官僚的・侵略的性格をおびることになった。

(2) 軍事に特化した経済

「富国強兵」ではなく「強兵富国」

帝政ドイツの政治制度を踏襲した明治政府は、欧米列強による植民地化の危機に対応すべく「富国強兵」策を導入した。

本来であれば、ドイツのように、「上から」の産業革命といえども、重化学工業化を進め、しかる後に、植民地化の危機に対応すべく軍事力の強化に取り組むという道を歩む。これが国を富まして、強大な軍事力をそなえるという本来の富国強兵である。

ところが、世界史は、日本にそのような流暢な選択を許さなかった。日本が近代化の道を歩み始めた時期というのは、欧米諸国は、産業革命を完成し、すでに重化学工業化に突き進んでいたからである。

日本は、繊維産業あるいは重化学工業の構築という産業革命を遂行できない以上、重化学工業のつぎの段階である軍需産業の構築に特化せざるをえなかった。それはまた、日本の植民地化の危機に対応するためでもあった。

ドイツのような「富国強兵」など不可能だったので、必然的に「強兵富国」政策をとらざるをえなかった。それが日本をして、きわめて侵略的な資本主義にしてしまったのである。

通常は、ドイツのように、重化学工業が発展し、しかる後に「潜在的」重化学工業といわれる軍需産業が構築される。したがって、戦争終結などで軍需産業が縮小したとしても、民生用の重化学工業が発展すれば、経済が大きな打撃を受けることはない。

しかも、軍需産業には、経済を持続的に成長させる機能はほとんどない。軍事産業の製品である兵器というのは、個人には売ってくれないし、食べられもしないからである。

もしも、経済を成長させるとすれば、兵器など軍需品の「消費拡大」、すなわち戦争しかない。

欧米諸国にかなり遅れて近代化を進めようとした日本は、極東の貧しい国として生きていくのでなければ、国家の総力をあげて軍需産業主導の「産業革命」を遂行するしか選択肢はなかったのである。

もちろん、保護主義をとり、国内産業を育成するのが本来の近代化の道である。しかし、植民地化という恐怖におそわれていた明治政府にそのような発想は、まったくといっていいほどなかった。

はたして、欧米列強にとって、日本を中国のように植民地化する魅力があったのか、はなはだ疑問である。もし、欧米列強が、日本を植民地化するほどの価値はないと判断していたとすれば、日本は、近代化のプロセスを根本的に間違えたということになる。

資本主義的な民間資本がほとんど育成されていなかったので、主として軍需生産を担ったのは、国営企業たる陸海軍工廠であった。民間企業も軍需品の生産をおこなったが、国家の手厚い保護を受けなければ利益をあげることはできなかった。

重化学工業の基幹産業である鉄鋼業は、官営八幡製鉄所が担ったが、もっぱら陸海軍工廠や軍需企業に鉄鋼を供給した。

本来の鉄鋼会社は、民間企業に鉄鋼を供給すべく、熾烈な競争を展開する。不良企業は淘汰されるので、良質の鉄鋼を安価で供給できる企業だけが生き残る。

ところが、官営八幡製鉄所が生産した鉄鋼は、もっぱら陸海軍工廠や軍需企業に供給された。

したがって、国営だったこともあって、生産性はきわめて低く、ドイツやアメリカの鉄鋼業と対等に競争することなどできようはずもなかった。

絶望的貧困下の戦前日本

戦前の日本は、軍需産業中心というおよそ一国の再生産構造としては、きわめていびつな形をとったので、国内市場は、きわめて狭隘なものであった。「資本主義的」な消費者がほとんどいなかったからである。

国際競争力のある民生用の重化学工業がなかったので、外国に売れる工業製品はほとんどなかった。外国に輸出して、外貨を稼がなければ、軍需産業に必要な機械などを購入することはできない。

そこで、外国に売れる数少ない製品である生糸を輸出し、貴重な外貨を稼いだ。

財閥が、政府や軍部の支援を受けて、軍事産業だけでなく、重化学工業や繊維産業などを担った。もちろん、国際競争力のある産業を構築することはできなかった。そのため、都市に住むひとびとは都市雑業層いわれ、貧困のもとにおかれていた。

地方、とくに東日本では、多くの大地主が、小作人を使っていた。ほとんどの大地主は、耕作を番頭に任せ、みずからは大都市で暮らしていた。寄生地主と呼ばれるゆえんである。農民のほとんどは、大地主に雇われた小作人で、貧困の極致におかれていた。「おしん」の世界がそうである。

日本では、ほんの一握りの財閥家族と寄生地主が、軍部とともに、支配階級を形成した。再生産構造もいびつで、しかも「基幹産業」が軍需産業という日本で、ほとんどの国民は、絶望的な貧困のもとにおかれていた。

ただでさえ国土が狭く、天然資源にもめぐまれない日本で、おうせいな個人消費によって構成される、まともな国内市場が存在しなければ、極東の貧しいままの国家で生きていくしかなかったはずである。

製造業を育成し、農林業や畜産業や水産業を振興し、みんな貧しくても、助け合って、青空の下でおにぎりを食べるような生活である。

ところが、日本の悲劇は、欧米列強から遠く離れているという地理的「優位性」を有していたことであった。

日本は、国内市場の狭隘さを地理的「優位性」で補完しようとした。すなわち、朝鮮半島や中国大陸を日本の「国内市場」にしようとしたのである。

しかし、ドイツのような一流の重化学工業を構築することができなかったので、重化学工業製品の販売市場としてではなかった。

すなわち、日本は、タダ同然での原材料の調達（正確には収奪）、粗悪品の販売（押し付け）、より正確には、富の収奪のための植民地を獲得しなければならなかった。必要だったのは、製品の販売のための本来のマーケットではなかったのである。

ドイツが「一流」の帝国主義国だったとすれば、日本は、「三流」の帝国主義国にすらなれなかったのである。いわば「やらずぶったくり」国家という、グロテスクな姿でしか、世界史に登場しえなかった。

侵略戦争への突入

広大な国内市場を持たない重化学工業国ドイツが、経済成長をおこなおうとすれば外国にマーケットを、「軍需産業国」日本は、外国に植民地を求めなければならなかった。

最先端の兵器は、イギリスなどから輸入したとはいうものの、軍事力の強化に特化した日本は、アジアの大国であった清国と、はたまた欧米列強の一角を占めていたロシアと戦争して、どちらも勝利してしまった。

日本を傲慢にし、その後の転落のはじまりとなったのは、負けるのが確実といわれた日露戦争での勝利である。

一か八かの捨て身の戦法で日本海海戦に完勝すると、ロシアの南下をきらうアメリカが仲裁に入り、ようやく和平が成立した。

日本は、日清戦争で勝利して、膨大な賠償金を獲得して、金本位制に移行することができた。「眠れる獅子」といわれていた清との戦いで勝利すると、日本人の中国「蔑視」が強まっていったという。

日露戦争では勝利したとはいうものの、ロシアは負けたつもりがないので、ほとんど賠償を支払わなかった。とはいえ、朝鮮での特権が認められるとともに、大陸への進出のきっかけができた。

1910年に韓国政府は、いっさいの統治権を日本に譲渡する条約を締結させられ、日韓併合がおこなわれた。

第一次世界大戦では、日英同盟にもとづいて参戦したが、直接の戦場にならなかったこともあって、空前の戦争景気にわいた。戦勝国になるとさほど大きなものではなかったが、アジアでのドイツの植民地を獲得した。

1929年世界恐慌に先立って昭和恐慌が勃発すると、恐慌克服のために本格的な中国大陸への侵略をはじめた。

日本の関東軍は、1931年に満州（現、中国東北部）事変をでっち上げた。清朝最後の皇帝を担ぎ上げて植民地国たる満州国を建国した。1937年には、ドロ沼の日中戦争にはまり込んでいった。

そして、ついに1941年に絶望的な太平洋戦争に突入した。

多くの韓国の女性などが連行されて、従軍慰安婦を強制された。従軍慰安婦は、民間が雇ったのであって、日本軍が徴用したのではないとの主張もあるが、そういう事実もあるといわれている。

従軍慰安婦の元締めは、佐官待遇であったという話を聞いたことがある。佐官というのは、少佐・中佐・大佐である。大佐であれば連隊長である。佐官待遇のゆえに、タバコなど戦地ではあまり手に入らないものが、優先的に配給されたという。

満州では、関東軍防疫給水部隊（731部隊）が中国人の捕虜などに対して、かずかずの人体実験をおこなった。

2　戦争責任と戦後責任

（1）A級戦犯と戦争責任

東京裁判

1945年8月15日に日本は、連合国に対して無条件降伏をおこなった。アメリカを中心とする連合国軍総司令部（GHQ）は、日本の軍国主義の一掃をおこなった。

連合国は、侵略戦争の指導者を裁くために、極東国際軍事裁判（東京裁判）を開廷した。この法廷では、天皇は、戦争責任を問われなかった。「大日本帝国憲法（明治憲法）」により、天皇は、陸海軍の統帥権を有しており、本来であれば、戦争責任が問われるのはとうぜんのことである。

ただし、明治以来、下級武士に担がれた天皇は、昭和の時代になっても、「明治憲法」上の権限はあったが、実質的な決定権を有していなかったからかもしれない。

明治維新にさいして、倒幕派と佐幕派は、みずからの権力の正当性を確保するために天皇の取り合いをおこなった。そのときに、「玉」をとるといわれたのである。

「明治憲法」上では、天皇の統帥下にあるはずの中国満州（現中国の東北部）に展開していた関東軍は、勝手に軍事行動をおこなった。

敗戦でも天皇制が廃止されなかったのは、日本政府の強い意向ということもあるが、アメリカが、敗戦によって日本で「社会主義」革命がおこらないようにするためには、天皇制の存続が不可欠と判断した結果であるといわれている。

次章でくわしくのべるが、戦争裁判は、本来、国際法にもとづいておこなわれなければならない。

しかしながら、当時の国際法では、戦争犯罪というのは、捕虜虐待、一般市民の大量殺戮と都市の破壊などであった。したがって、侵略戦争の遂行もユダヤ人の大虐殺も、厳密には、国際法上の戦争犯罪ではなかった。

そこで、1948年8月に米英仏ソによって「ロンドン憲章」が合意され、戦争犯罪（B）に、平和に対する罪（A）と人道に対する罪（C）が、事後的に付け加えられて裁かれた。法律では、それが制定された以前の事案は、裁かれることがない。これが、法の大原則である。この大原則を突き崩す事後法であった。

事後法である国際法にもとづいて、東京裁判では、東条英機元首相など7名が、侵略戦争を指導したA級戦犯として死刑判決を受け絞首刑に処せられた。

た。

７３１部隊の「免罪」

関東軍防疫給水部隊（７３１部隊）は、満州において、３０００人以上の中国人捕虜などに対して、さまざまな人体実験をおこなった。多くの医者や研究者がこの人体実験にかかわった。

医者や研究者が、「学問」的興味から、平時には、けっしてできない人体実験に手を染めたのである。戦争という狂気の時代のなせるワザだったのかもしれない。

したがって、敗戦となったら、当時の国際法でも、捕虜虐待で戦争犯罪人になるので、すべてのデータを焼却処分などにするはずである。もちろん、それでも、人体実験をおこなったという事実を消すことはできないが。

東京裁判では、７３１部隊で人体実験にかかわった医者や研究者などは、捕虜虐待のＢ級戦犯としてだけでなく、あらたに付け加えられた人道に対する罪でＣ級戦犯として、そのほとんどは死刑判決を受け、処刑されるはずであった。

しかしながら、戦争裁判になれば、戦争犯罪に問われる重大な証拠である人体実験のデータを、あえて焼却などによる処分をしなかった。７３１部隊長は、アメリカとしたたかな交渉をするための切り札にしようとしたのである。

７３１部隊による、ありとあらゆる人体実験のデータというのは、通常は、けっして手に入らないものである。その「貴重」なデータというのは、アメリカからすれば、「喉から手が出る」ほどほしいものであった。

７３１部隊長は、人体実験の全データをわたす代わりに、７３１部隊全員の戦争犯罪の免責をアメリカに要求した。アメリカは、データがほしいばっかりに、戦争裁判にかけずに、なんと全員を「無罪」放免にしてしまったのである。

７３１部隊の将兵や医者・研究者や作業員などは、Ｂ級・Ｃ級戦犯として裁かれるはずであったが、結局は、闇から闇に葬られた。民主主義国を標榜するアメリカの「民主主義」もこの程度のものなのである。

Ｂ級・Ｃ級戦犯に問われるはずの医師や研究者は、「人体実験の事実を秘匿し、墓場までもっていく」として、戦後の日本に散らばり、医療などにかかわった。

薬害エイズ事件をおこしたミドリ十字は、７３１部隊の医者が設立したものであった。

ところが、戦後だいぶたってから、７３１部隊の人体実験の内実が知られるようになってきた。人体実験に関与したひとたちが、良心の呵責に耐えられなくなって、告白し出したからである。

戦争責任・戦後責任と過去の克服

日本とドイツは、きわめて侵略的な資本主義として「経済成長」し、その帰結は侵略戦争であった。

そのため、アメリカ政府内には、ドイツを戦争しない平和的な国家にするためには、軍備を持たせなければいいという発想があった。そこで、第二次大戦中に「モーゲンソー・プラン」というものが策定された。

このプランは、ドイツ農業国化政策と呼ばれ、重化学工業をなくして、農業だけにすれば、戦争することができなくなるというものであった。

ただ、攻め込んだ（旧）ソ連からヒトラーが敗走し、東欧がファシズムから解放され、社会主義化される気配がみられると、このプランは放棄された。

日本はといえば、アメリカは、１９４９年に中国革命が勃発するまでは、日本の軍国主義を一掃して、民主主義国に作り変えようとした。ＧＨＱのなかでも、アメリカのニューディール派といわれる「社会民主主義的」なリベラル派が日本の民主化に取り組んだからである。

ここで、平和で民主主義的な日本に作り変えるために、さまざまな措置がとられた。

ドイツでは、過去の克服というのは、「過去を内面的に十分に理解して自分のものにする」と定義され、「信頼の醸成、反省」から「補償・賠償」など精神・物質の両面にわたる広範囲の、けっして一回きりでない営み、とされている（『朝日新聞』1992年8月12日）。

われわれは、侵略戦争（平和に対する罪）や戦争犯罪や人道に対する罪を真摯に反省するのが戦争責任、その反省を具体化することが戦後責任であり、そのことによって二度と侵略戦争をしない国にするというのが過去の克服であると考える。

とすれば、戦争責任というのは、過去の克服によってしかとることはできないということになる。ここに、すべての本質があると考えられる。

戦争放棄、主権在民、基本的人権をうたった「日本国憲法」が、1946年11月3日に制定された。

侵略戦争を二度とおこなわず、集団的自衛権も放棄するという「憲法」9条は、戦争責任・戦後責任を軍事的な側面からとるというものだったということができよう。

すなわち、「憲法」9条は、自国を守るという自然権としての個別自衛権を否定していないが、自国が攻撃されていないのに、同盟国などを守るために戦争するという、いわゆる集団的自衛権は禁止していると考えられる。

集団的自衛権を認めれば、他国の戦争に参加するだけでなく、自衛の名のもとに侵略戦争が可能となり、過去の克服ができなくなってしまう。

ということは、とりもなおさず、日本が戦争責任・戦後責任をとることを放棄したということになってしまう。

アメリカのベトナム戦争などは、集団的自衛権に名をかりた侵略そのものであり、ここに日本も参戦させられたはずだからである。イラク侵攻もアメリカの自衛戦争といわれ、イギリスは、集団的自衛権を行使して参戦した。その帰結は悲惨であった。

日本では、過去の克服のために、侵略戦争の放棄のほか、さらなる措置がとられた。「経済侵略」を反省するために、軍部とならんで軍国主義の「権力主体」であった財閥と寄生地主を解体しなければ、戦争責任・戦後責任をとることは完結しないからである。

そこで、日本は、「経済侵略」の尖兵であった財閥を解体し、その復活を許さないために、1947年に「独占禁止法」9条を制定し、財閥本社の企業形態である純粋持株会社の設立を禁止した。

1997年に純粋持株会社の設立が解禁されたが、財閥本社のようなものが復活するようにはなっていない。この分野での過去の克服は一貫している。

さらに、大地主（寄生地主）からタダ同然で土地を取り上げて、小作人に二束三文で売りわたす農地解放が断行された。

こうして、戦前日本の軍事的半封建的な支配体制が解体された。

侵略戦争を放棄し、財閥復活を許さない、集団的自衛権も行使しない、これが日本の戦争責任・戦後責任の確固たる取り方だったのであり、過去の克服にほかならない。
「憲法」9条については後に取り上げるので、ここで、純粋持株会社の設立禁止についてみてみることにしよう。

(2)「独占禁止法」9条の制定

財閥本社の企業形態

戦前の日本経済を支配したのは、国家・政治家・軍部と結託・癒着した財閥であった。財閥が積極的かつ主体的に「経済侵略」をおこなったかについては、詳細な検討が必要であるが、軍国主義の「権力主体」であったことはまぎれもない事実である。

財閥は、巨大な企業（利権）集団であり、国家・政治家・軍部と緊密に結び付くことで巨額の利潤をあげたが、これは、民間企業が熾烈な競争を展開する優勝・劣敗の市場経済の大原則に反するものである。

したがって、資本主義経済が「健全」に発展していくことが阻害された。

財閥というのは、頂点に財閥本社が位置し、その財閥本社の傘下に関係会社がおかれ、その下にまた関係会社があるという、ピラミッド型の企業集団、すなわちコンツェルンであった。

財閥本社は、関係会社の株式を大量に保有することで、当該会社を支配することができる。

財閥本社の業務は、みずからは特定の事業をおこなうことなく、もっぱら関係会社の事業活動を支配・コントロールすることである。

他の会社の株式を持つ会社はすべて持株会社であるが、みずからは、特定の事業（ビジネス）をおこなわない持株会社は純粋持株会社と呼ばれる。それに対して、特定のビジネスをおこなっている持株会社が事業持株会社である。

純粋持株会社が、巨額の資金を調達して、他の会社の買収をすれば、巨大な企業集団となり、経済に強大な支配力を行使することができる。純粋持株会社の機能は、他の会社の支配・コントロールにあるので、それ自体が経済力集中の主体になりやすい。

事業持株会社であれば、みずからが手掛けるビジネスの利潤追求に全力を投入する。そうしなければ、熾烈な資本主義的競争で勝ち残れないからである。関係会社については、あくまでもみずからの事業に役立つかぎりで経営する。非採算部門を切り離して子会社化して売却するとか、ビジネスに有効な部門を買収して子会社にすることもある。

それに対して、純粋持株会社の利益源泉は、傘下にある関係会社の配当である。したがって、関係会社がとことん利益をあげられるように支配・コントロールする。そのために、巨大な企業集団としての財閥は、集団全体の収益の向上を追求する。

財閥は、さまざまな産業にかかわる会社を傘下に多くかかえ、強大な経済支配力を有するので、国家・政治家・軍部と結託・癒着することによって、巨額の収益をあげることができる。財閥が政商化するのはそのためである。

あげくのはてに、国家の植民地政策や海外侵略の経済的「先兵」の役割をはたすようになる。これこそ、資本の論理を超越した利潤獲得の究極の形態である。日本がきわめていびつな資本主義だったのは、そのためでもある。

純粋持株会社の設立禁止

「日本国憲法」制定の少し後の１９４７年に、公正で自由な競争を促進するために、「独占禁止法（独禁法）」が制定された。

「独禁法」は、経済の民主化のために、独占や不公平な取引を禁止することを目的とするものであるが、大きな特徴は、第９条で純粋持株会社の設立が禁止されたことである。同法は、１９４９年と53年に改正された。

「独占禁止法」９条は、つぎのような規定である。

「持株会社は、これを設立してはならない。

②会社（外国会社を含む。以下同じ。）は、国内において持株会社となってはならない。

③第2項において持株会社とは、株式（社員の持ち分を含む。）を所有することにより、国内の会社の事業活動を支配することを主たる事業とする会社をいう。」

このように、会社の事業活動を支配することを主たる事業とする会社、すなわち純粋持株会社の設立が禁止されたものの、主たる事業が、持株会社の営む事業（たとえば自動車や電機などの生産や銀行業など）である場合、すなわち事業持株会社というのは設立が禁止されていなかった。

じつは、このときに、純粋持株会社が禁止されていたのは、日本のほかにはわずか韓国だけであった。

というのは、他社の事業活動を支配することを主たる事業にしようが、しまいが、それは、あくまでも会社の経営判断によるものであって、国にとやかくいわれることではないし、よけいなお世話だからである。

したがって、その後、たびたび純粋持株会社の解禁論が提唱された。1990年代にはいって、平成大不況が深刻化するなかで、経済界も純粋持株会社の禁止規定の撤廃を積極的に要望するようになった。

とはいえ、「独占禁止法」9条は、戦争責任・戦後責任をとることの経済面での象徴的条項ということもあって、主管官庁である公正取引委員会は、解禁を頑として拒否してきた。

事業持株会社は認められているのに、どうして純粋持株会社の解禁が必要なのかという公正取引委員会の主張に、経済界が有効な反論ができなかったからでもあった。

しかも、「憲法」９条の改正などほとんど主張されなかったときに、「もうひとつの９条」といわれた「独占禁止法」９条の改正など不可能であった。

そこでわれわれは、金融制度改革の観点から純粋持株会社の解禁を主張した。金融持株会社を設立して金融業務の多様化をはかる方式を採用するには、どうしても必要だからである（くわしくは、相沢幸悦『ユニバーサル・バンクと金融持株会社』（日本評論社、１９９７年）を参照されたい）。

純粋持株会社の設立は、１９９７年についに解禁された。とはいえ、きわめて限定的なものであり、財閥が復活するような規定とはなっていない。

とくに重要なことは、ゆうちょ銀行とかんぽ生命と郵政事業を傘下にかかえる日本郵政を除けば、財閥のように、傘下に金融機関（銀行）と事業会社の双方をおさめることは許されていないことである。

純粋持株会社を全面解禁して、もしも財閥が復活するような事態なれば、戦争責任・戦後責任をとることによる過去の克服ができなくなってしまうからである。

第2章　ドイツの侵略戦争への謝罪

1　戦争責任と戦後責任

(1) 戦争責任の議論

議論の基本的枠組み

ドイツでの国民の戦争責任の議論の基本的枠組みを作ったのは、実存主義の哲学者・精神医学者として知られるカール・ヤスパースであるといわれている（仲正昌樹『日本とドイツ　二つの戦後思想』光文社新書、2005年）。

ヤスパースは、妻がユダヤ人であったが、離婚を拒否したので、1937年にハイデルベルグ大学の哲学正教授の地位を追われ、敗戦まで沈黙を強いられた。

戦後、1946年にハイデルベルグ大学でおこなった「贖罪問題について」という講演で、国民の戦争責任の議論の基本的枠組みについて語っている。

ヤスパースの議論の大前提は、各個人が自分の罪について主体的に考えるべきだというものである。

そのため、各人が負っている可能性のある「罪」の内容をはっきりさせるために、①刑法上の罪、②政治上の罪、③道徳上の罪、④形而上学的な罪、という四つの罪概念を提示している。

四つの罪

この四つの罪の内容というのは、つぎのようなものである。

①刑法上の罪は、違法行為としての罪であり、とうぜん、きわめて個人的な性質のものである。ニュルンベルグ裁判で裁かれたのはこの罪である。

②政治上の罪は、みずからが所属している政治的な共同体が、なんらかの過ちを犯したばあい、その誤った政策を直接的あるいは間接的に支持したことに帰結するものである。

③道徳上の罪は、法や政治という公共の場で追及されることはないが、みずからの内面において、良心の呵責を感じさせるような行為に対応するものである。

④形而上学的な罪というのは、かなり抽象的な表現である。

たとえば、ユダヤ人が集団的な迫害を受けていることを一個人として知っていたとしても、ほとんどのばあい、たとえ自分の命を投げ出してまで救おうとしても、なんら事態を変えることはできなかったであろう。

国家権力の前には、個人はあまりにも無力である。たとえそうだとしても、罪もないひとびとが殺害されるのを目の当たりにすると、ひとはときとして、かれらに死が訪れたのに対して、自分たちは生に留まっていること、なにもできなかったことに対して、〝同じ人間〟として、同胞としてうしろめたさを感じることがある。

これが形而上学的な罪なのである。

ヤスパースの議論は、法や政治の部面で公式的に取り上げて処罰することが可能な①②の罪と、自分自身でどこまでも追求し続けるしかない③④の罪を分けて考えることによって、具体的な〝解決〟を提示すること、個人がみずからの良心のうちで自問し続けることを両立可能とするものであった。

非常に重要なことは、戦争犯罪の責任者を処罰したり、被害者に補償することと、みずからも負っている罪について道徳的・宗教的に内省することとは、別のことだということである。

（2）侵略戦争とホロコーストへの謝罪

ドイツの謝罪

第二次世界大戦後のドイツ経済をみるばあい、大戦期におけるヨーロッパ諸国・旧ソ連・アフリカ諸国への侵略戦争という平和に対する罪、戦争犯罪、ナチス（や国防軍）によるユダヤ人の大量虐殺（ホロコースト）など人道に対する罪、にどのように戦争責任・戦後責任をとり過去の克服をおこなってきたか、があきらかにされなければならない。

戦争責任・戦後責任をきっちりとはたすことによって、（旧）西ドイツが西ヨーロッパに受け入れられてヨーロッパの統合に参加し、西側の一員として戦後の経済成長が可能となったはずだからである。

日本では、一般に、戦後の西ドイツ（ドイツ連邦共和国）は、戦争犯罪に対してはもちろんのこと、ヨーロッパ諸国・（旧）ソ連・アフリカ諸国への侵略、ホロコーストという人道に対する罪にきっちりと謝罪して戦争責任をとり、戦後補償も十分におこなうことで戦後責任もはたし、過去の克服をしてきたといわれている。

その一環として、戦後、ドイツは「基本法」でナチスの復活を禁止した。ただし、ドサクサにまぎれて共産党も禁止したことは大問題であるが。

実際には、そうなってはいないが、ナチスの人道に対する罪を否定したり、侵略戦争を肯定するような発言をする政治家は皆無であるといわれている。ただ、戦後、少したってからであるが、学校の教科書では、ナチスによるホロコーストについて、スペースをとって教えるようになっている。

したがって、ドイツという国は、戦争責任・戦後責任をはたし、みごとに過去の克服をおこなった「立派」な国だといわれることが多い。

それにひきかえ、日本は、侵略戦争への謝罪が不十分であり、侵略戦争を肯定するばかりか、南京大虐殺などなかったとか、アジア諸国の多くは、日本のおかげで欧米列強の植民地支配から離脱できた（一面では事実であるが）ではないか、という発言までする政治家があとをたたない。

日本は、ドイツとくらべて、戦争責任もとれず、戦後責任をはたすことによる過去の克服もできないどうしようもない国だといわれることが多い。

日本では、学校教育で歴史教科書がいつも問題になっている。ドイツであれば、ナチスによるホロコーストという歴史の事実を教えている。ただ、もしも、そうしなければ、(旧) 西ドイツが西ヨーロッパで生きていけなかったからでもある。

日本では、「新しい歴史教科書」なるものがどうして文部科学省の教科書検定でとおるのか不思議だというひとは多い。史実の誤りが多いというのは論外としても、歴史観にあまりにも問題が多いからであろう。

そんなことで、侵略された東アジア諸国が日本を受け入れるはずもない。

おそらく、内政干渉といわれるだろうが、東アジア諸国が、こんな教科書を撤回しないのであれば、国交断絶をするくらいのことをしないと多くの日本人は、気が付かないのかもしれない。

謝罪の内実とは

日本で、「ドイツの過去の清算はトリックによる表面的なものであった」（木佐芳男『〈戦争責任〉とは何か』中公新書、2001年）として、ドイツの戦争責任のとり方に疑問をなげかける論調はけっして少なくない。

ドイツは、真摯に戦争責任を自覚し、きっちりと戦後責任をとり、過去の克服をおこなってきた立派な国だが、日本国民は、東アジア諸国への侵略戦争を反省もしないとんでもないひとびとだというのは、けっして事実ではない。

とうぜんのことかもしれないが、ドイツのなかにも、侵略戦争やホロコーストに謝罪し続けることに抵抗するひとびとは、少なくない。

日本流にいえば、「自虐史観」では、民族の誇りがズタズタに切り裂かれてしまうからであろう。

それでも、日本とくらべるとドイツはある程度は戦争責任・戦後責任をはたし、過去の克服をしているといわれている。だが、ドイツには、そうしなければならない経済的理由があったからである。

ドイツ帝国の東側（オーデルナイセ）が（旧）東ドイツ（ドイツ民主共和国）として「社会主義国」化した以上、（旧）西ドイツは、西ヨーロッパの統合に組み込まれなければ、生き延びていけなかったという、戦後の特殊事情があった。

日本の戦後責任の取り方は、「憲法」9条と「独禁法」9条制定・農地改革と徹底的な民主化であった。他方、ドイツのそれは、ヨーロッパの統合に参加するために、いわば政治・軍事「主権」を放棄することであった。

日本のそれは、アメリカを中心とする占領軍ニューディール派の事実上の「強制力」によって断行できたのであるが、分割国家西ドイツは、そうしなければ、生きていくことができなかった。ドイツは、日本よりはるかに深刻だったのである。

したがって、建前上とはいえ、ホロコーストという人道に対する罪への徹底的な謝罪と補償をしなければ、西ヨーロッパはとうてい受け入れてくれなかった。

しかし、ドイツ国民は、戦後、しばらくホロコーストは、ヒトラーをはじめとするナチス親衛隊の仕業であって、知らなかったとシラを切り通そうとした。

だが、学校では、ホロコーストを教えていたので、家庭で親が子供にシラを切り通すことは、むずかしかった。

さらに、(旧)西ドイツは、ヨーロッパ諸国・ソ連・アフリカ諸国への、ドイツ国家としての侵略戦争を総体として真摯に謝罪したことはない。

ホロコーストばかりか、第二次世界大戦におけるドイツの侵略戦争の全責任も、ヒトラーとナチス上層部に押し付けたのである。

西ヨーロッパに受け入れてもらわなければならない(旧)西ドイツでは、こうした論理を一貫させるためには、けっしてナチスが復活してはならない。「基本法」でナチスの復活を禁止したのはそのためである。

ナチスによるユダヤ人大虐殺の全責任を、敗戦直前に自殺したヒトラーただ一人《いちにん》にとらせて、ほとんどすべてのドイツ国民がヒトラーに代わって謝罪し続けることになった。

じつは、そのことによって、結果的に、ドイツ国民のホロコーストへの直接的あるいは「間接的」加担と、ドイツ国防軍の侵略戦争に対する罪とホロコーストへの関与のほとんどが「免罪」されてしまった。

(旧)東ドイツはといえば、ホロコーストも侵略戦争もヒトラーはじめ支配階級の仕業であって、労働者は搾取・収奪される階級であったという立場をとった。そうすると、労働者国家として成立した「社会主義国」（旧）東ドイツは、戦争責任も戦後責任もとる必要はないとして、ヒトラーにかわって謝罪することすらしなかった。

ここで、戦後の（旧）西ドイツが西ヨーロッパの統合に組み込んでもらうべく、どのように戦争責任・戦後責任をとって過去の克服をおこなってきたのか、どこに不十分さがあったのかをみてみることにしよう。

そのことによって、けっして「倫理的」ではない国家というものの本質があきらかになると思われるからである。「非倫理的」な側面も内包したのが、ドイツの経済理念である社会的市場経済原理なのである。

（3）過去の克服

過去の克服と戦争犯罪

ドイツにおいて戦争責任をとるというばあい、過去の克服という言葉が使われるが、これは、ドイツ語の Vergangenheitsbewältigung の直訳である。

それは、ドイツは、ナチスによって被害を受けたひとびとへの補償を戦後はやくからおこなってきたが、戦時中の非人道的行為に対する責任とその償いをしっかりとおこなうということを意味する言葉である（望田幸男「『戦争責任・戦後責任』問題の水域」粟屋憲太郎他『戦争責任・戦後責任』朝日新聞社、1994年）。

これは、二度と侵略戦争などを繰り返さないための制度的手当てをおこなうということと、若干、異なっている。

したがって、過去の克服という言葉を日本にあてはめると、過去の戦争で日本の侵略や非人道的行為によって被害を受けたアジア諸国のひとびとに対する謝罪と補償という意味をもつことになる。

すなわち、戦争責任をどう自覚し、その責任をどうはたすかということを問う言葉なのである。ただ、過去の克服というのは、たんに戦争犯罪に謝罪し、補償するというものではない。

戦争遂行にともなう捕虜虐待、住宅地への無差別爆撃、病院船や民間船舶への攻撃などが本来の国際法上の戦争犯罪である。これ以外の行為というのは、厳密には、いわゆる戦争犯罪ではない。

したがって、あくまでそのかぎりにおいてであるが、ナチスによるホロコーストというのは、もちろん殺人や傷害という犯罪ではあるが、それまでの国際法では、狭義の戦争犯罪ではなかった。

ドイツにおいて戦争責任・戦後責任をはたすことによる過去の克服という言葉が使われるよ

うになったのは、それが、第二次世界大戦中の戦争犯罪に謝罪し、補償するという次元にとうていとどまらなかったからである。

ヒトラーによるユダヤ人問題の「最終解決」は、まさに戦争犯罪などというものではなく、特殊な体制の犯罪、ファシズム体制の犯罪、ある種の文明の破壊である。

というのは、まさに、普通に考えられる戦争犯罪の、いわば終わったところからはじまっている犯罪だからである（同書）。

人道に対する罪と平和に対する罪

それまでの国際法では、民間人や捕虜の虐待・殺害、略奪、軍事上不必要な都市の破壊などが禁止されていた。これが戦争犯罪であって、この国際法を犯した場合は、戦争犯罪人として処罰された。

したがって、アメリカによる広島と長崎への原子爆弾の投下、東京大空襲など、アメリカをはじめとする連合軍によるベルリン大空襲やドレスデン大空襲なども国際法上の戦争犯罪である。

もしも、第二次世界大戦後に中立的な国際機関による国際軍事裁判が開かれたとすれば、とうぜんのことながら、アメリカの戦争犯罪が裁かれ、アメリカなどの連合国とて無傷ではいられなかったはずである。

原爆の投下が日本の降伏をはやめ、本土決戦による膨大な犠牲者が出るのを避けることができたというのは、あくまでも「詭弁」である。新型兵器の破壊力を検証するには、実戦で原爆を投下しなければならなかったからである。

ドイツで開廷されたニュルンベルグ裁判も、日本での東京裁判も、勝者が敗者を一方的に裁くものであった。ファシズムの圧政から世界を解放し、大戦で勝利したアメリカが、戦争犯罪に問われることなどありえないことであった。勝てば官軍なのである。

侵略戦争をしかけたとしても、それは、戦争犯罪ではなかった。ホロコーストしかり。そのために、敗戦国ドイツと日本を一方的に裁くためのあらたな国際法がどうしても必要となったのである。

そこで、1945年8月に「ロンドン憲章」が米英仏ソの戦勝国によって合意された。「憲章」6条で、戦争犯罪の対象が拡張され、(A)平和に対する罪、(B)通例の戦争犯罪、(C)人道に対する罪、の三つに分類された。

ここで、平和に対する罪と人道に対する罪が新設されたのである。

前者は、侵略戦争や違法な戦争の計画、準備、開始、遂行、共同謀議への参加などであり、後者は、戦前・戦時中の殺人、殲滅、奴隷的虐使、追放などの非人道的行為、政治的ないしは宗教的、人種的理由にもとづく迫害行為などである。

「ロンドン憲章」がはたして国際法かという問題はあるが、よしんば国際法だとしても、この国際法が制定される以前の行為に遡及して適用できるものなのであろうか。

罪と刑は法律によって規定されるというのが罪刑法定主義であって、この法律の大原則にあきらかに反するいわゆる事後法にほかならない。

しかし、こうして「ロンドン憲章」によって拡張された戦争犯罪が国際法とされて、ニュルンベルグ裁判と東京裁判において適用された。それが成立しえたのは、勝者が敗者を裁く裁判だったからである。

この拡張された国際法の規定にもとづいて、第二次世界大戦前後のドイツと日本の広義の戦争犯罪が裁かれた。ドイツも日本も他国を侵略したので、平和に対する罪が裁かれた。もちろん、通例の戦争犯罪も多く犯したのでこれも裁かれた。

ドイツと日本の裁判で決定的に異なっていたのは、人道に対する罪がニュルンベルグ裁判できびしく裁かれたのに、東京裁判の判決では、まったく言及されなかったことである。

したがって、ドイツの戦争責任・戦後責任と過去の克服は、ナチスによるユダヤ人の大虐殺（ホロコースト）に対する謝罪と賠償、戦犯の処罰が中心とならざるをえなかった。

それに対して、日本の広義の戦争犯罪では、平和に対する罪がきびしく問われることになったので、その戦争責任・戦後責任は、A級戦犯の処刑だけではすまされなかった。

もしも、徹底的に戦争責任・戦後責任をはたさなければ、日本の侵略によって、すさまじい被害を受けた中国や韓国をはじめ東アジア諸国が、とうてい納得しないし、日本を受け入れなかったはずだからである。

二度と他国を侵略しない、集団的自衛権を行使しないという「憲法」9条による戦争放棄と、「独占禁止法」9条による「経済侵略」の「尖兵」たる財閥本社（純粋持株会社）の復活を禁止するということで、戦争責任・戦後責任をはたさなければならなかったのはそのためである。

関東軍731部隊による大規模な人体実験は、戦争犯罪であることはもちろん、きわめて深刻な人道に対する罪で、医者や科学者や将兵・作業員はきびしく処罰されなければならなかったはずである。

だが、アメリカは、関係者を免罪したので、東京裁判では、人道に対する罪を問われた戦犯はいなかった。

中国人や朝鮮半島のひとびとの日本企業による強制連行も、人道に対する罪には問われなかった。

ドイツにおける戦争責任・戦後責任は、非ナチ化、ユダヤ人を迫害・虐殺したナチスの戦犯

（人道に対する罪）の徹底的な断罪、ユダヤ人への賠償によってはたされた。これがドイツの過去の克服にほかならなかった。

したがって、「政府の高官が、とぎれることなく［ユダヤ人迫害・虐殺という事実を隠蔽するなどの］スキャンダラスな『発言』を繰り返すというようなことは、ドイツではみられない現象」（ウヴェ・リヒタ著、石川求他訳『ヒトラーの長き影』三元社、1996年）なのである。

しかしながら、多くのドイツ国民は、ホロコーストは知らされていなかったと、戦後しばらくは、シラを切り通そうとした。

ここに、「ドイツ的」な戦争責任の取り方があるといわざるをえない。

（4）戦後責任

戦後補償

第二次世界大戦を遂行したドイツ帝国は、敗戦によって米英仏ソによって分割占領下におかれ、1949年に東西ドイツに分裂して消滅したので、（旧）西ドイツは、東西ドイツが統一され、連合国との平和条約が締結されるまでドイツの国家賠償問題の繰り延べを求めた。

1952年5月に、占領の終結にさいしてアメリカ、イギリス、フランスと西ドイツの間で締結された「移管条約」において、米英仏3カ国は国家賠償の延期に合意した。

その後、1953年2月にドイツに対する債権国20カ国とドイツの間で「ロンドン債務協定」が調印された。この協定によって、ドイツの国家賠償が延期された。

(旧)ソ連の占領下におかれた(旧)東ドイツは、ソ連から苛酷な賠償の取り立てがおこなわれ、たとえば、複線の線路の片一方だけでなく、単線ももっていかれたので列車が走れなくなったところもあったという。

ソ連占領地域が東ドイツとして「社会主義」国となった後、1953年8月に賠償免除の取り決めがおこなわれた。

近隣諸国のほとんども賠償請求を放棄した。したがって、平和に対する罪を犯したドイツへの国家賠償請求をおこなった国はないし、ドイツも国家賠償をおこなってこなかったということになる。

それは、第一次世界大戦での敗戦国ドイツへの苛酷な賠償負担がヒトラー台頭とナチズムを招来したことと、第二次世界大戦後まもなく冷戦がはじまり、ソ連もアメリカもそれぞれ東ドイツ・西ドイツを経済的に強化し、体制間対抗の「防波堤」にしようとしたからである。

だから、ナチス党員のほとんどは、「免罪」され、西ドイツ政府や裁判所などの要職についた。そうしなければ、国家の運営ができなかったからである。

戦後のドイツが主におこなった戦後補償というのは、ヒトラーとナチスによって迫害されたユダヤ人犠牲者に対する補償である。

１９５２年9月に「ルクセンブルク協定（イスラエル条約）」が調印された。この協定は、西ドイツとイスラエル、および23のユダヤ人組織が結成した「対独補償請求ユダヤ人会議」との間で締結されたもので、ドイツは、イスラエルに総額30億マルク、ユダヤ人会議に4億５０００万マルクの補償を支払うことを約束した。

アメリカ占領地域でのナチスによる犠牲者への補償をおこなう法律として、１９４９年4月に「ナチスの不法を補償するための法律」が制定された。

この法律は、１９５３年9月に制定された「ナチズムによる迫害の犠牲者に対する補償のための連邦補充法」によって、連邦全域に拡大された。

戦後の補償立法のなかでもっとも重要なものは、１９５６年6月に制定された「連邦補償法」である。同法は、65年9月に大改正がおこなわれて、補償申請の最終期限を69年12月31日までとされたので「連邦補償法終結法」と呼ばれた。

１９５７年7月には「連邦返済法」が制定され、ナチスによって迫害されたひとびとから没収されたと確定される資産が返却されることになった。

１９８１年8月には、「非ユダヤ系被迫害者特例基金」が設置されたが、これは、ユダヤ人とともに、ナチスによって迫害されたシンティ・ロマ族（ジプシー）を主として対象にしたものである。

東西ドイツが統一される直前の１９８８年までに、旧西ドイツが支払った戦後補償・賠償額は約１０００億マルク（およそ5兆６０００億円）にものぼり、国民一人あたりに換算すると実質的に日本の65倍強になるという（『朝日新聞』１９９3年8月18日）。

統一後に、ソ連や東欧諸国への賠償がおこなわれた。それは、冷戦が終結するまで賠償問題が棚上げされていたことや、東ドイツがナチスの戦争責任を回避してきたからである。

１９９7年1月、ドイツとチェコは、ナチスによるチェコの分割・解体と第二次世界大戦後のチェコスロバキアによるズデーテン・ドイツ人に対する迫害・追放の責任を明確に認めるチェコ・ドイツ和解宣言が調印され、98年1月に発効した。

ドイツが1億４０００万マルク、チェコが２５００万マルクを拠出して未来基金を設立し、ナチスの迫害による被害者のために老人ホームとサナトリウムが建設されるほか、対話フォーラム、青少年交流にあてられることになった。

チェコとの宣言調印によって、第二次世界大戦をめぐるドイツと近隣諸国の和解が完了した。

非ナチ化

第二次世界大戦後、非ナチ化を徹底することを内外に示すために、ナチズムを禁止する条項が「基本法（憲法）」21条に盛り込まれた。

すなわち、「政党のうちで、その目的又はその支持者の行動により、自由で民主的な基本秩序を侵害若しくは除去し、又はドイツ連邦共和国の存立を危うくすることをめざしているものは、違憲である」と規定された。

このように、ナチズムが「基本法（憲法）」で禁止されたのである。

しかしながら、ここで、きわめて深刻な問題は、ナチスの流れをくむ社会主義帝国党などが禁止されるのはとうぜんとしても、同時にドイツ共産党も違憲とされ禁止されたことである。

さらに、公務員の採用にあたって、思想調査をおこなうことも「基本法」では許されるとされた。ナチズムを禁止する規定であるはずなのに、政府に敵対する勢力を押さえ込む手段としても使われたのである。

ナチスの戦争犯罪人を永久に訴追するために、1979年7月に広義の戦争犯罪に対する時効が廃止された。

ドイツでは、それまでも、しばしば時効期間が延長されてきた。ドイツにおける殺人罪の時効は20年であったので、時効の起点を敗戦時の1945年5月8日とすると、65年に時効が成立してしまうからである。

そこで、1965年に法改正がおこなわれ、69年まで時効成立が延長された。時効の起点を旧西ドイツが成立した49年5月とするためであった。69年にはさらに10年延長され、79年にはついに時効が廃止された（粟屋憲太郎ほか、前掲書）。

このようにドイツにおいて戦後、非ナチ化がおこなわれた。

ミュンヘン郊外にあるダッハウなどをはじめとして、多くのナチスによる強制収容所跡も保存されている。さらに、ドイツでは、戦後、兵器のおもちゃまで禁止されたという（木佐芳男、前掲書）。

ドイツは、ナチズムへの反省から政治的迫害を受けた難民の受け入れを積極的におこなってきた。

国旗と国歌

ナチズムへの反省は、国旗と国歌にもあらわれている。

ドイツでは、ワイマール時代に「黒赤金」の三色旗が国旗と定められたが、ヒトラーは1935年に「帝国国旗法」を制定して「カギ十字旗」を国旗とした。

戦後の西ドイツは、「基本法（憲法）」22条2項で「連邦国旗は、黒・赤・金である」と定めて、ワイマール時代の国旗を復活させた。さすがに、ヒトラーが制定した「カギ十字旗」は廃止され、国旗の非ナチ化が断行された。

だが、国歌については、いささか複雑である。

ドイツの国歌は、1841年にドイツ文学者のファラースレーベン教授が作詞したもので、ハイドンがオーストリア皇帝に献上した曲が使われている。「ドイツの歌」というのが題名である。

一番の歌詞「ドイッチェランド　ユーバー　アレス」というのは、ドイツ統一以前の、ばらばらな領邦国家（プロイセンやバイエルンのほか30くらいの邦で構成されていた）のみみっちい利害を越えて、大ドイツを作り上げようではないかという意味で、日本語に訳せば、「何よりもドイツ」とか「領邦国家にまさるドイツ」となる。

「ドイツの歌」は、ワイマール共和国時代の1922年に正式に国歌となった。

ヒトラーは、ワイマール時代を全否定したものの、なぜか、この国歌だけはそのまま引き継いだ。

それは、ヒトラーが、「ドイッチェランド　ユーバー　アレス」を「世界に冠たるドイツ」という意味に解釈を変更すれば、第三帝国を作り上げようとする野望に、みごとに一致していたからである。さしずめ、解釈改憲ならぬ、解釈改（国）歌であろう。

したがって、戦後、ドイツを分割占領した連合国は、この「ドイツの歌」を国家として唄い続けることを禁止した。

(旧) 西ドイツが成立すると、政府は、あたらしい国歌の制定をおこなおうとした。ところが、世論調査をおこなったら、四分の三もの国民が「ドイツの歌」を国家として支持するという結果が出た。そこで、1952年に「ドイツの歌」が西ドイツの正式の国歌となった。

ただし、「ドイツの歌」の歌詞のなかには、「世界に冠たるドイツ」のほかに、戦後、ドイツの領土ではなくなった地域もはいっていたので、該当する一番と二番は歌われないことになった。

公式には、「祖国ドイツのための、統一と権利、そして自由」という三番だけが唄われている。

(5) 企業の戦争責任と戦後責任

企業の戦後責任

戦時中、各企業は、兵器など軍需製品の増産に追われたが、労働力の供給が需要に追い付かなかったので、戦争遂行上で重要度の高い会社やナチスとのつながりの強い会社が優先的に強制収容所の収容者を使うことができた。

そのため、ニュルンベルグ裁判では、何百万人もの強制収容所の収容者がドイツの戦争遂行のために、ドイツ企業で強制労働を強いられたと指摘された。

ナチスによって「劣等人種」とみなされたユダヤ人だけでなく、シンティ・ロマ族（ジプシー）、スラブ民族のひとびとがドイツに強制連行されて働かされた。

苛酷な労働の最底辺にあったのが強制収容所の労働者であった。

強制収容所にはドイツ人もいた。軽犯罪者、精神障害者、同性愛者、共産主義者、社会主義者、反体制政治犯、「反社会的な者」などである。

強制収容所の収容者の労働は苛酷なものであったが、とりわけユダヤ人強制収容所の収容者は奴隷以下であった。

歴史上存在した奴隷制のもとでは、奴隷主たちは、自分たちの「財産」である奴隷を世話して労働力を維持しようとつとめたが、ナチスの意図は、ユダヤ人を使い尽くしてしまおうとするものだったからである（ベンジャミン・B・フェレンツ著、住岡良明他訳『奴隷以下　ドイツ企業の戦後責任』凱風社、１９９３年）。

強制収容所の収容者を酷使することは、戦争犯罪であるとともに、人道に対する罪なので、企業経営者などを裁いたニュルンベルグ継続裁判で、十数人の企業経営者にも1年から8年の懲役刑が言いわたされた。

ところが、（旧）西ドイツが成立すると、恩赦などによって1950年代に全員が釈放された。これでは、企業経営者に対する広義の戦争犯罪は、事実上、「免罪」されたということになるのであろう。

同時に、ナチスによる戦争に協力した大銀行・大企業のいくつかが戦後、解体されたが、IGファルベンを除いて、大銀行などは、じきに戦前の姿に戻った。

巨大化していたIGファルベンとても、BASF、バイエル、ヘキストに分割されたことで、かえって効率化したといわれている。

解体が解除されたのは、戦後、急速に進んだ東西冷戦のもとで、西ドイツの経済力を削いでファシズムの復活を防ぐことよりも、経済力を一刻も早く回復させて、対社会主義の西側の強固な戦略拠点にする必要にせまられたからである。

とはいえ、もちろん、ドイツのいくつかの大企業は、ユダヤ人組織への補償をおこなってきた。というよりもおこなわざるをえなかった。

西ドイツ政府は、1990年1月に「第二次大戦中の強制連行労働に関連しておこなわれてきた私的交渉に関する報告」を公表した。

この報告書によると1958年から66年までに、ユダヤ人に強制労働をおこなわせた企業のうち、IGファルベンが2700万マルク（57年2月）、クルップが1000万マルク（59年11月）、AEGが400万マルク（60年8月）、ジーメンスが700万マルク（62年5月）、ラインメタルが250万マルク（66年5月）を「対独補償請求ユダヤ人会議」に支払った。

1986年1月に、フェルトミューレ・ノーベルが、フリードリヒ・フリックの権利継承者としてユダヤ人会議に500万マルクを支払った。

1988年になると（旧）ダイムラー・ベンツが強制労働への補償として、ユダヤ人会議に対して1000万マルクを支払った。この基金で、さまざまな国でユダヤ人強制労働者などナチズムの被害者を収容している老人ホームや養護院への援助がおこなわれた。

同様の主旨でドイツ赤十字、ベルギー、フランス、オランダの関連組織に合計500万マルクが支払われた。

さらに、500万マルクがポーランドのさまざまな組織に支払われた。

このような補償の支払いの問題点は、企業が法律上の責任を認めたうえでおこなわれたわけではないこと、被害者個人が直接補償されたわけではないこと、そして、ナチスによって周辺国から連行された760万人にもおよぶ外国からの強制労働者への補償が除外されたことである。

補償基金の設立

こうしたことから、ナチスによる強制労働者への補償を求めて、ドイツの大企業を相手にした集団訴訟がアメリカで相次いで提訴された。また、ドイツの裁判所がかかえる強制労働者あるいはその遺族によるドイツ企業への訴えは、5000件以上にのぼるというものの、そのほとんどが解決されていない。

1998年に、強制労働者への補償を提案していた社会民主党と90年連合・緑の党のシュレーダー連立政権が誕生すると、この問題が解決に向かってかなり進むことになった。

おりしも、1998年11月にアメリカのマーケットへの進出をもくろむドイツ銀行が、米投資銀行バンカース・トラストを買収することで合意した。ところが、そのときに、アメリカ政府当局から、「ドイツ銀行のホロコーストへの関与の有無が明確になるまで、合併承認は見合わせるべきだ」という意見が出された。

そこで、1999年2月にドイツ銀行は、ナチスによるアウシュビッツ強制収容所の建設にかかわったこと、ベルリン支店にゲシュタポの口座が開設され、強制収容所に送られたユダヤ人の家財を競売にかけた売却資金が入金されたことなどを認めた。

一足先に、フォルクスワーゲンは単独で1998年12月から、もとの強制労働者に金銭の支援をはじめていた。

ナチスによるホロコーストの被害者・犠牲者にすでに約1060億マルクもの国家補償をおこなってきたドイツ政府は、あらたな国家補償を回避しながら、ユダヤ人だけでなく、外国からの強制労働者に金銭補償をおこなう基金の設立を企画した。

さっそく、ドイツ銀行というドイツ最大の金融機関がこの補償基金への参加を表明したことで、基金の設立が具体化した。

ナチスによってドイツの大企業で強制労働を強いられたひとびとを補償するために、ドイツ政府と経済界は、それぞれ50億マルクを拠出して基金計100億マルクを有する財団として「記憶・責任・未来」を設立した。

こうして、2000年7月17日、強制労働による被害者の多いポーランド、チェコ、ロシア、ウクライナ、ベラルーシの政府関係者と被害者団体の代表、ユダヤ人団体の代表が、この財団の設立に合意する文書に調印し、正式に発足した。

この財団にドイツ政府も資金を拠出したが、それは、ナチス統治下におけるドイツ企業での強制労働は、国家の政策によるという側面も強かったからである。

したがって、この合意文書の調印の場には、集団補償請求訴訟がおこされていたアメリカ政府の代表も出席した。

大戦末期にドイツ企業で働く四人に一人が外国からの強制労働者であったが、総計760万人のうち（旧）ソ連からがもっとも多く約280万人、つぎにポーランドからが約170万人であった。

強制労働をさせられた760万人のうち、このときに生存していたひとは120万人から150万人といわれた。

強制労働に従事させられたひとは一人最高1万5000マルク、そのほかのひとは一人最高5000マルクの補償金を受け取ることができるようになった。

補償基金設立の翌月、戦後解体された化学企業であるIGファルベンの管財人は、ナチス期の強制労働者に補償金を支払うために独自の基金を設立すると発表した。基金の規模は、当初50万マルクであった。

みてきたように、ドイツは、戦後、ナチスによる人道に対する罪を反省し、補償をおこなってきた。さらに、企業は、ユダヤ人以外にも強制労働を強制し、その補償がせまられた。

しかしながら、戦後の非ナチ化がかならずしも十分なものとはいえないし、平和に対する罪についても、十分に責任をとってきたとはいいがたい。

2　不十分な「過去の克服」

(1) ドイツ国民の戦争責任

謝罪しなかったドイツ国民

戦後、長い間、多くの西ドイツ国民は、ホロコーストは、ヒトラーをはじめとするナチスがおこなったものであって、自分たちはなにも知らなかったとシラを切り通した。

たしかに、ユダヤ人の絶滅という形での「最終解決」は、第二次世界大戦に突入した1942年1月のヴァンゼー会議で決定された。この会議の結果というのは、秘密裏に担当の部署につたえられたので、軍の上層部でさえその全体像はわからなかったといわれている。

しかし、多くのドイツ国民が、ユダヤ人が強制収容所に送り込まれ、600万人あまりも虐殺された事実をまったく知らなかったと、いえるはずがない。

さらに、第二次大戦後に東西冷戦が激化すると、西ドイツ国民には、共産主義は最大の敵であって、それと戦ったナチスは、けっして悪い存在ではなかったという風潮すらあったという。

戦後しばらくは、ホロコーストを語ることはタブーで、ひとびとは、ナチス時代について話すことを拒絶していたという(木佐芳男、前掲書)。だから、学校でホロコーストの事実を学んだ子供たちは、知らなかったという親などに不信感を持つようになったという。

このような状況を変えるきっかけとなった、ふたつのできごとがあった。

ひとつは、1964年から69年にかけてフランクフルトでおこなわれた、いわゆるアウシュビッツ裁判であった。この裁判は、ニュルンベルグ以来の軍事裁判であり、ドイツ国民に否応なく過去を振り返させることになった。

もちろん、この裁判は、ドイツが自主的にはじめたものではない。イスラエルが1960年にナチ戦犯アドルフ・アイヒマンを逮捕し、イスラエルで死刑判決を課したことをきっかけとしている。

その片腕で約44万人のユダヤ人をアウシュビッツに送り込んだ中心人物オットー・フンシュは、ドイツで一度は非ナチ化裁判で軽い刑を受けたが、ここで重罪に問われたのである。

ナチスも悪い存在ではなかったという風潮が転換する、もうひとつのきっかけとなったのが、1979年にアメリカで製作され、ドイツでも放映されたテレビ・ドラマ「ホロコースト」であった。

このドラマは、2000万人のドイツ人がみたといわれている。

ここで、ホロコーストという言葉がはじめて流布されるようになった。ホロコーストというのは、ほんらいは、獣を丸焼きにして、神に生贄として捧げる古代ユダヤ教の儀式「燔祭《はんさい》」を示す言葉である。

たしかに、1970年代までは、ナチスによるユダヤ人犠牲者の追悼施設は、ドイツには

2、3カ所しかなかった。

ミュンヘン郊外にあるダッハウ強制収容所は、65年という比較的早い時期にバイエルン州政府によって開設された。

しかし、これとても、各国出身の元収容者が国際委員会を作り、保存・公開するように圧力をかけた結果であって、けっして、ドイツ人が自主的かつ積極的に建設したわけではない（木佐芳男、前掲書）。

その後、ナチスによる犠牲者の追悼施設が建設されるようになり、1980年代半ばには、12施設、90年代半ばには60施設を超えるにいたった。

無名戦士の墓を建立

戦後、ドイツは、第二次世界大戦における広義の戦争犯罪のうち、人道に対する罪と平和に対する罪をどのように反省し・謝罪してきたのであろうか。

ここでいくつかの事例をみてみよう。

1985年5月にボンで開催された先進国首脳会議に参加したアメリカのロナルド・レーガン大統領（当時）は、アメリカのユダヤ人団体の意向を受けて、ユダヤ人が迫害されたある強制収容所の記念館を訪問することになっていた。

それにもかかわらず、ドイツのコール首相（当時）は、レーガン大統領を強制収容所ではなく、ビットブルグの戦没者墓地に案内した。ところが、それは、まずアメリカで、つぎにドイツではげしい世論の批判を巻き起こすことになった。

というのは、この墓地には、ナチスの武装親衛隊員（SS）も埋葬されていたからである。

こうして、ナチスのホロコーストを「免罪」する姑息なこころみは挫折した。その後、ドイツでは、無名戦士の墓が建設された。

ドイツ版「靖国神社A級戦犯合祀」問題ともいえるものであったが、日本と違って、ドイツでは、外国要人などの参拝の施設をしっかりと用意したのである。

連邦議会議長の発言

1988年11月に、ユダヤ人商店などが襲撃されたいわゆる「水晶の夜」の50周年記念式典が国会議事堂でおこなわれたが、ここでの西ドイツ連邦議会議長の発言が問題となった。

すなわち、「1933年から38年というヒトラー前期の政治的成功は、歴史上これに匹敵する時期がないという意味で魅力的な時代」であったとか、「ドイツ人をすばらしい時代に導くと約束して、実現したのはヒトラー」であったという発言である。

この発言が、「ドイツ人の多くもヒトラーやナチズムを支持していた、ヒトラーやナチズムだけに責任を押しつけていいのか」（木佐芳男、前掲書）ということであったとすれば、広義のドイツによる戦争犯罪のうち、ナチスによる人道に対する罪に限定して謝罪してきたドイツ国民の罪が免罪されてはいけないということになる。

したがって、ヒトラーにのみホロコーストの責任を負わせてはいけないという意味では、きわめて「正論」である。

だが、これはとうぜんのごとく、ヒトラー免罪の演説だとされ、この議長は、辞任に追い込まれた。

国防軍の戦争犯罪展

もしも、ホロコーストというのがヒトラーという狂信的な独裁者のみによる蛮行であったとすれば、ドイツ国民のホロコーストの責任と戦争責任は、あらかた「免罪」されることになるかもしれない。

事実、戦後しばらくたってからのことではあるが、ヒトラーをはじめとする一部ナチス上層部によるホロコーストを糾弾すればするほど、自分たちの責任を回避できるようになった。

国防軍は、ホロコーストはもちろん、民衆や捕虜虐待などには関与しなかったという「国防軍の神話」がそれである。だが、これは事実ではなかった。

そのことを象徴的に示すのが、第二次世界大戦後50周年をむかえてハンブルグ社会学研究所が開催した「殺戮戦争・ドイツ旧国防軍の犯罪　1941年から1944年まで」という巡回展でのできごとであった。

「旧国防軍の犯罪」展は、1998年末までに35都市で開催されたが、ミュンヘン、ドレスデン、カッセル、ミュンスターなどの都市で極右を中心とする開催反対デモがおこなわれた。もちろん、それに対抗するデモもおこなわれた。

どうして、「旧国防軍の犯罪」展の改催反対のデモがおこなわれたのか。

開催したのが左翼系の民間シンクタンクだったこともあるが、旧国防軍も一村の虐殺、捕虜の虐待・殺戮、抵抗運動をおこなったひとの公開処刑など、さまざまな戦争犯罪を犯したことが写真・資料であきらかにされていたからである。ユダヤ人の迫害もおこなった。

反対デモのなかには、戦死した息子の写真を高くかかげて、「息子は犯罪者ではない」と叫ぶ老母がいたという。

ナチスは、ユダヤ人の迫害・大虐殺をおこなったが、国防軍は、ヒトラーとその政府から距離をおき、品格と威厳をもって軍務を遂行した。したがって、ドイツの兵卒には、罪はなかったという「神話」が意図的につくられていた（田村光彰『ドイツ　二つの過去』技術と人間、1998年）。

あくまでも、事実と異なる「神話」にすぎなかったということなのである。

ただ、この巡回展での写真・資料に、捏造や事実でないものがいくつか含まれていると批判された。

（2）二人の政治家による謝罪

ひざまずいてのお祈り

じつは、ドイツにおける戦争責任・戦後責任をはたすことによる過去の克服の最大の問題は、戦後の（旧）西ドイツ政府が、第二次世界大戦での広義の戦争犯罪を人道に対する罪だけに厳密に限定したことにある。

そうすれば、その責任は、すべてヒトラーとナチズムにあるので、戦後責任をとり、戦後の克服をはたす方法は、徹底したナチス戦犯の追及、ユダヤ人に対する十分な補償（ユダヤ人個人ではない）ということになる。

この意図的な峻別は、第二次世界大戦におけるドイツの広義の戦争犯罪を真摯に反省したといわれているふたりの政治家の行動にもよくあらわれている。

西ドイツのブラント首相（当時）は、１９７０年12月にポーランドのワルシャワを公式訪問したさいに、ゲットー英雄記念碑に献花し、ひざまずいて両手をあわせ、無言の祈りをささげた。

ゲットーというのは、ユダヤ人を強制的にあつめて居住させた地区であるが、この写真が世界中に報道されると、「ドイツが第二次世界大戦での罪を悔いてポーランドに謝罪した」として、高い評価を受けた。だが、その中身をよく吟味してみると少々事情が違ってくる。

直前にブラントは、第二次世界大戦だけでなく、さまざまな戦争での戦没者の霊が祀られている無名戦士の墓に献花しているが、ひざまずいてはいないからである。

ゲットー英雄記念碑は、ナチスに対して蜂起したユダヤ人の英雄を顕彰するために、ポーランドのユダヤ人団体によって建立されたもので、ユダヤ人以外の犠牲者は祀られていない。

もしも、「ブラントが戦争の罪責を無言で謝ろうとしたのなら、むしろ無名戦士の墓でひざまずくべきだった」（木佐芳男、前掲書）というのは、まさにそのとおりであろう。

しかしながら、無名戦士の墓に同じようにひざまずけば、平和に対する罪もドイツが認めたことになってしまうので、それは、どうしてもできなかったことであろう。

当日の晩餐会でブラントは、今日は、「あなたの国民にあたえられた大きな苦難、そして、わが国民が味わわなければならなかった重い犠牲」を思い出させる日であるというスピーチをしている。

ユダヤ人蜂起によって、多大な犠牲者を出したことについては、ドイツの責任を認める。

しかし、第二次世界大戦でポーランド人が苦難を味わったが、戦後は、戦前のドイツ領土の四分の三がポーランドに帰属し、そこで生活していたドイツ人が強制的に移住させられるという犠牲も払ったといいたかったのかもしれない。

荒れ野の40年

政治家によるドイツの戦争責任とホロコーストへの「ドイツ的」謝罪の極め付けともいえる演説が、第二次世界大戦終結40周年にあたる1985年5月8日に、ドイツ連邦議会でヴァイツゼッカー大統領（当時）によっておこなわれた（木佐芳男、前掲書）。

演題は、「荒れ野の40年」というものであった。

それは、「旧訳聖書」で、神の戒めを忠実に守れなかったモーゼとイスラエルのひとびとが、カナンの地に入るまでの40年間、荒れ野を放浪しなければならなかったということと、重ねあわせたものであろう（仲正昌樹、前掲書）。

1987年7月6日号のドイツの高級誌「シュピーゲル」は、この演説をつぎのように賛美している。

「あの演説以来、ヴァイツゼッカーはどこへいっても、尊敬と栄誉を一身にあつめている。とくにイスラエルやかつての占領国オランダ、ノルウェーで。かつてそうした態度を示されるのは、ウィリー・ブラントにかぎられていた。」

ヴァイツゼッカーによる「過去の前に目を閉じる者は、現在についても盲目となるのです」という文言が、ドイツによる侵略戦争とホロコーストの罪責を認め、深く反省したものと理解されたからである。

ここで、演説をすこし詳しくみてみよう。

「暴力支配のはじめ、私たちのユダヤ系同胞に対するヒトラーの底知れない憎悪がありました。ヒトラーは、それを世間に決して隠し立てせず、全国民をその憎悪の道具としたのです。」

ここで、ドイツ人は、ヒトラーの道具であったという。そうすると、いやいやながらヒトラーにしたがったということになる。もしも、そうだとすれば、ナチス党が選挙で１４００万票も獲得したことが説明つかない。

「ユダヤ人の集団虐殺は、歴史上、例がありません。この犯罪は少数の者たちの手によって行われました。世間の目からはさえぎられていたのです。」

こうして、ホロコーストは、ヒトラーと少数のナチスによるものだというのである。

「罪の有無、老若にかかわらず、私たちはみな過去を受け入れなければなりません。……あとになって、過去を変えたり、起こらなかったことにすることはできません。しかし、」とくだんの文言が続く。

このように、演説をよく読んでみると、過去というのは、あくまで「ナチズム暴力支配という人間蔑視の体制」のことであって、ドイツが平和に対する罪を犯したということへの謝罪ではないことがわかる。

ドイツの政治家

ブラント首相のひざまずいての祈りとか、ヴァイツゼッカー大統領による演説によって、ドイツという国が、真摯にホロコーストと侵略戦争を反省し、謝罪したとして、国際的に高い評価を受けたのは事実である。

ふたりの政治家の行動や言葉が、西ヨーロッパにおけるドイツの立場を磐石なものにしたということも間違いないことである。

もちろん、その本質がヒトラーという狂信者ただひとりに、すべての戦争責任を押し付けて、「共犯者」であるはずのドイツ国民と国防軍を「免罪」するところにあったというのも事実である。ここにドイツの政治家の存在意義があったと思われる。

ナチスによって600万人あまりのユダヤ人が虐殺されたことは、本来の戦争犯罪という範疇にはいりきらない、まさに「文明の破壊」ともいうべきものである。これを徹底的に謝罪し、補償しなければ、ドイツは、ヨーロッパで生きていくことができなかった。

ところが、深刻な問題は、平和に対する罪への責任もヒトラーとナチズムに押し付けたことにある。

しかし、より複雑な問題は、どうしてドイツが、戦争犯罪までもユダヤ人大虐殺と同じ水準で謝罪しなければならないかということである。

それなら、アメリカも、ドレスデン大空襲や広島・長崎への原爆投下による犠牲者に対して、謝罪・補償しなければならないということになるであろう。

戦後のドイツに、そんなことは口が裂けてもいえなかった。だから、このような政治家の行動や発言になったと思われる。

ふたりの政治家は、侵略戦争とホロコーストへの謝罪を国際社会に受け入れてもらいながら、きわめて巧妙にドイツ国民の「誇り」を守ったのである。

(3) 不十分な戦後責任

不十分な非ナチ化

戦後、ナチズムによるユダヤ人の迫害・大虐殺に関与したり、協力した者がきびしく処罰され、過去の克服のために西ドイツにおいて徹底的な非ナチ化が実行されたといわれている。しかし、それはかなり不十分なものであった。

非ナチ化の過程でおこなわれた公職追放は、ナチス党員であったか、またどの程度の役職についていたかが判断の基準とされた。

公式にナチスと非ナチスの区別が申告制によるアンケート方式でおこなわれたが、ナチスではなかったと認められたひとには、「非ナチ証明書」が発行され、社会に復帰することができた。

ただし、この証明書は簡単に取得することができたので、別名「ペルジール証明書」とも呼ばれた。ペルジールというのは当時有名な洗剤の名前で、この証明書は、ヒトラー時代の前歴をきれいさっぱり洗いながす役割をはたしたからである。

戦後西ドイツにおける非ナチ化というのが、いかになおざりなものであったかがわかる。

ナチス党員あるいはナチスへの協力者でありながら、復職した公務員は15万人にものぼるといわれている。

ユダヤ人を迫害する法律の制定にかかわったひとびと、その法律にもとづいて判決をくだした法律家、旧国防軍の軍人もその多くが罰せられることはなかった。

こうして、社会復帰したナチス党員は、公務員・非公務員をあわせて数百万人にものぼるといわれている。

しかも、戦後、(旧)西ドイツから統一ドイツにいたる6名の連邦首相（コール首相まで）と

7名の連邦大統領（ヘルツォーク大統領まで）の計13人のうち、明瞭にヒトラーに抵抗する側に立つか、ナチズムを徹底的に批判したのは、ブラント元首相とハイネマン元大統領だけであるという。

あの「名演説」をおこなったヴァイツゼッカー元大統領とて潔白ではないという。

「したがって、ドイツという国が、ナチスに敵対した者よりは、むしろ元ナチであった者が高位顕職につく社会であった」（ウヴェ・リヒタ著、前掲書）とまでいわれることもある。

もちろん、ナチスにかかわった人間をすべて放逐してしまえば、戦後の西ドイツの政治・経済が成り立たなかった。冷戦下で、強大な敵である共産主義と闘わなければならなかったからでもある。

ネオナチの台頭

このような、非ナチ化の不徹底さが、東西ドイツ統一後にネオナチが台頭してくる一因になったのではないかと思われる。それを象徴する衝撃的事件が1993年5月に発生した。

ネオナチの青少年グループがゾーリンゲンのトルコ人住宅に放火し、女性と少女5人が犠牲となり、赤ちゃんを含む3人が重傷を負うという、極右による外国人襲撃で、それまでで最悪の事件がそれである。

ネオナチは、連日のように難民、外国人、身体障害者などの社会的弱者への放火、襲撃を繰り返したが、その背景には、ふたつの要因がある。

ひとつは、失業率が高いなかで外国人労働者への不満が高まってきたことである。とくに、外国人襲撃が東ドイツ地域で頻発したが、それは、統一以降、なかなか生活水準が向上せず、失業率が西ドイツ地域よりも高いことへの不満が強かったからである。

もうひとつは、非ナチ化の不十分さがドイツの右傾化に拍車をかけてきたことである。ドイツ国民の三分の一が、「ユダヤ人迫害にはユダヤ人自身に責任がある」と答えているという調査もある。

連邦軍兵士が酒に酔ってナチスのスローガンを叫び、市民に暴行する事件もあった。

こうしたなかで、反ネオナチ運動が盛り上がってきたので、１９９３年に政府は、極右団体の結成と活動を禁止した。

右傾化が進むなかで、ナチスの虐殺はなかったといういわゆる「アウシュビッツの嘘」発言も増えてきたので、１９９４年に、そのような発言を禁止するように刑法が改正された。

政治難民受け入れ制限

このような非ナチ化は、ドイツが戦争責任をはたすことによる過去の克服の重要な構成部分であったが、「憲法（基本法）」にもナチズムによるユダヤ人抑圧・迫害を反省する条項が盛り込まれた。

すなわち、ドイツの「基本法」は、第1条で「人間の尊厳は不可侵である」として個人の尊厳を保障し、第16ａ条で「政治的に迫害された者は、庇護権を享有する」と定めているのである。

ドイツは、政治的に迫害された難民を積極的に受け入れるという形で戦後責任をはたしてきた。

「基本法」にもとづいて、政治的迫害を受けていると認定されれば、ドイツは、当該外国人を庇護権があるものとして受け入れる義務がある。ドイツは、民族的・人種的偏見にとらわれず人間の尊厳を守ると「憲法（基本法）」で宣言したのである。

庇護希望者は、１９７０年代前半まで1万人以下であったが、冷戦の崩壊とともに増加し、85年に約7万人、90年に約19万人、92年に約40万人と増加した。

ところが、ドイツで難民流入が増え続けるのは、「基本法」の規定があるからだということになり、１９９３年6月に「基本法」の改正がおこなわれた。

改正により、迫害のない国や安全な第三国を経由してドイツに入国した亡命希望者は庇護権を失うことになった。ドイツの隣国はすべて安全な第三国とされているので、この改正によってドイツの政治難民の受け入れが大幅に制限されることになった。

ネオナチなどの極右勢力による外国人襲撃がはげしくなってきたのは、ドイツが徹底した非ナチ化を怠ってきたからである。

したがって、ドイツが本当に過去の克服をおこなおうとするのであれば、ネオナチの行動は、厳罰をもって取り締まる必要がある。

戦争責任・戦後責任をとり過去の克服をおこなうことは、「基本法」にうたわれている言論・集会・結社の自由を「超越」しているのかもしれない。

それを怠っているので、結局は、襲撃される側の外国人の受け入れを制限すればいいという発想になるのであろう。

3　基本法と軍事・領土問題

(1) 基本法（憲法）の制定

「ワイマール憲法」の形骸化

麻生太郎副総理は、2013年9月に東京都内で開催されたセミナーで、「ヒトラーは、民主主義により、きちんとした議会で多数を握って出てきた」、「ワイマール憲法は、いつの間にかナチス憲法に変わっていた。だれも気が付かない間に変わった。あの手口を学んだらどうか」

と発言したという。

この発言は、「憲法」改正がなかなかできない日本では、ヒトラーのようにドサクサにまぎれて変えるしかないだろう、というものである。

しかしながら、この麻生発言は、まったく世界史の常識を知らないばかりか、歴史認識にも根本的な誤りがあるので、ここで、第一次世界大戦後の1919年に制定された「ワイマール憲法」がどのように形骸化していったかをみてみよう。

この「憲法」の特徴は、完全比例代表制と国民投票などの直接民主制を採用していたことにあった。

完全比例代表制を採用すると、小選挙区制と違って、数パーセントの得票でも議席を獲得することができる。国民の声や意見を正確に反映させるという点では、きわめてすぐれた制度である。しかしながら、ヒトラーは、この制度を悪用した。

完全比例代表制のおかげで、得票率が低くても、ヒトラーは国会に議席を獲得することができた。そうするうちに、たくみな演説で、世界大恐慌のもとで苦しむ国民の支持をあつめていった。

かくして、ナチス（Nazis—国家社会主義ドイツ労働者党）は、1932年7月の総選挙で得票率37％を獲得して第一党となり、33年1月には、大統領によってヒトラーはついに首相に任命された。

ナチスが議会で過半数の議席を占めたわけではなかったが、大統領が首相の指名権を有していたからである。大統領がヒトラーを首相に指名さえしなければ、世界史の悲劇はおこらなかったかもしれない。

ヒトラーは首相に指名されるや、ただちに、国会を解散し、1933年3月に総選挙がおこなわれることになった。

ちょうど総選挙直前の2月に国会放火事件がおこると、共産党員が犯人だとして、共産党員を大量に逮捕するとともに、弾圧を強めた。

ただ、これは完全なでっちあげであった。ドイツ史の研究によれば、変質者のしわざだったようである。それをヒトラーがたくみに利用したのである。

党員の大量逮捕で、共産党は、総選挙で議席を減らした。それでも、ナチスのこの総選挙での得票率は43％にすぎなかった。完全比例代表制なので、本来であれば、得票率が50％超でなければ、政権を担えないはずである。

ナチスは、過半数に届かなかったので、今度は、なんと当選した共産党議員の議席まで剥奪してしまった。こうして、ヒトラーは、ついに566議席のうち過半数の288議席を獲得した。

さっそく、ヒトラーは、立法権、予算の編成・執行権などを国会から政府に移す「全権委任法案」を提出した。この法案は、事実上の「憲法」修正案だったので、全国会議員の三分の一以上の出席のもとで、三分の二以上の賛成が必要であった。

ところがナチスは過半数すれすれである。そこで、共産党議員だけではあきたらず、ナチスに反対する社会民主党議員までも逮捕して、なんと三分の二以上の賛成を確保してしまった。民主主義「憲法」のもとで、このような無茶なことが可能だったのは、「ワイマール憲法」48条に国家緊急事態条項が定められていたからである。

もちろん、制限されるのは、言論、出版、集会など七つの人権であったが、ヒトラーは、非常事態だとして、この条項を悪用して、制限できる権利を拡大していった。

したがって、国家緊急事態条項の制定と運用というのは、慎重のうえにも慎重におこなわなければならないのである。

このように、ヒトラーは、いつの間にかではなく、ドイツ全体が騒然とするなかで、「ワイマール憲法」を形骸化させる「全権委任法」を成立させたのである。けっして、「ワイマール憲法は、いつの間にかナチス憲法に変わっていた」のではない。

「ドイツ基本法」の制定

第二次世界大戦後、ドイツは、米英仏ソの四カ国によって分割占領された。冷戦対抗があらわになっていくなかで、1948年6月に「ロンドン協定」にもとづいて、西側の米英仏三カ国の占領地域を統合して、西ドイツ地域に適用される新憲法を制定することで合意された（高橋和之編『世界憲法集　第2版』岩波文庫、2012年）。

憲法制定のために11ラント（州―かつての王公国や都市国家など）の首相に憲法制定会議の招集権限があたえられた。11ラント首相は、憲法の制定はドイツが統一された後とし、暫定的な基本法の制定のために、1948年7月にラント議会の代表者で構成される議会評議会の招集を決めた。

1949年5月8日に議会評議会で可決された草案が、12日に占領三カ国の同意をえたうえで、22日までにバイエルンをのぞく10ラントの議会（三分の二が要件）で承認された。こうして、「ドイツ連邦共和国基本法」として23日に公布され、24日に発効した。ただし、西ベルリンは占領（戦争法上・信託関係上の駐留）状態が継続されることになった。

実質的な西ドイツの憲法は、西ドイツの暫定的な首都とされたボンで審議されたので、「ボン基本法」とも呼ばれる。

ちなみに、首都が西ドイツの大都市フランクフルト（アム・マイン）などではなく、ボンとされたのは、西ドイツが統一までの暫定的な国家であることを示すためであったといわれている。

ほとんどのドイツのひとびとは、西ドイツの首都は、マイン川沿いにあるフランクフルトがふさわしいと考えていたはずなので、そうではない、暫定的ということを示すためであったからであろう。

(2) NATOと再軍備

ヨーロッパ防衛体制

第二次世界大戦後の米ソ冷戦体制のなかで、西ヨーロッパは、結束して(旧)ソ連に対抗しなければならなかった。

そこで、1948年3月にイギリス、フランス、ベネルクス(ベルギー、オランダ、ルクセンブルク)の5カ国の間で、「ブリュッセル条約(経済的、社会・文化的協力ならびに集団的自衛のための条約)」が締結された。これは西方連合(WU)と呼ばれた。

ここでは、「いずれかの締結国がヨーロッパで武力攻撃の対象になったときには、他の締結国は、国際連合憲章51条の規定にしたがって、攻撃を受けた当事国に対して、できるかぎりすべての軍事的および他の助力・援助をあたえる」として、集団的自衛権がうたわれた。

当初は、「ドイツによる侵略政策がよみがえったとき」には、必要な措置をとるとされていた。もちろん、WUは、ソ連を対象とするものであったが、ドイツの脅威にそなえるという側面もあったのであろう。

１９４９年4月には、アメリカ、イギリス、フランス、イタリア、ベネルクス、ポルトガル、デンマーク、ノルウェー、アイスランド、カナダの12カ国によって、「北大西洋条約」がワシントンで調印された。

この条約は、「NATO（北大西洋条約機構）条約」と呼ばれている。

１９５２年2月には、冷戦の最前線であるギリシャとトルコがNATOに加盟した。

NATOは、「国際連合憲章第51条の規定によって認められる個別的または集団的自衛権を行使して、北大西洋地域の安全を回復し、維持するために必要と認める行動（兵力の使用を含む）を個別的におよび他の締結国と共同してただちにとることにより、その攻撃を受けた締結国を援助する」として、集団的自衛権の行使をかかげている。

冷戦下で西ドイツも再軍備が必要になったが、そのばあいでも、勝手な軍事行動ができないようにする必要があった。そこで、再軍備をしたドイツに、自律的に軍事活動ができる国防主権をあたえずに、西ヨーロッパの防衛に参加させる方策が模索された。

そこで、１９５２年5月に、フランス、ドイツ、イタリア、ベネルクスによって「欧州防衛共同体（ＥＤＣ）設立に関する条約」が調印された。

ところが、１９５４年8月にフランスの国民議会がこの条約の批准を拒否してしまったので、この条約が日の目をみることはなかった。

ドイツのＮＡＴＯへの加盟

西ドイツおよび西ベルリンは、戦後、米英仏三カ国によって分割占領された。１９４９年9月に、米英仏三カ国の占領地域が西ドイツとして建国された。

しかしながら、三カ国は、占領による駐留の根拠とされた戦争法上かつ信託関係上の駐留権を継続維持していたので、駐留は、ドイツの再統一まで継続することになった（松浦一夫「ドイツにおけるＮＡＴＯ軍地位協定・補足協定の運用について」『駐留米軍地位協定の運用実態等に関する調査』参議院外交防衛調査室、平成14年）。

ベルリンも四カ国によって占領されたが、米英仏三カ国の占領地域が西ベルリンとなった。ただ、占領状態が続けられたので、連邦議会の西ベルリン選出議員は、オブザーバーの資格でしか国会に参加することができなかった。

ＮＡＴＯ加盟国は、集団的自衛権を行使することが規定されているので、西ドイツと西ベルリンの米英仏占領軍への攻撃は、「ＮＡＴＯ条約」締結国への攻撃とみなされた。

したがって、西ドイツと西ベルリンは、NATOの領域ということになる。ところが、ドイツは、敗戦後に武装解除され、非軍事化されていたので、自国に駐留する占領軍が攻撃されても反撃できない。そこで、西ドイツの再軍備の必要性が出てきたのである。

そのため、1954年10月に「ブリュッセル条約」が改定され、NATOとの緊密な協力がうたわれた。そのうえで、イタリアと西ドイツが「ブリュッセル条約」への加盟が認められた。

「ブリュッセル条約」が改定されて、条約締結国によって西欧連合（WEU）理事会が設置された。これは、西方連合に代わって西欧連合と名乗った。とうぜんのごとく改定以前にあった「ドイツによる攻撃的政策の復活」を警戒するという文言は削除された。

こうして、1955年5月5日に西ドイツがNATOに加盟した。「改正ブリュッセル条約」と「NATO条約」加盟にあたって、西ドイツに対する米英仏三カ国の占領状態が終了し、国防主権を回復して、連邦軍を創設することになった。

もちろん、西ドイツの再軍備には周辺諸国の反発が強い。そこで、西欧連合に加入するさいに、当時の西ドイツのアデナウアー政権は、装備する軍備は通常兵器だけにし、ABC（核・生物・化学）兵器を保有しないことをあきらかにした。

再軍備のための基本法改正

「日本国憲法」は、戦争放棄をうたっているが、ドイツの「憲法（基本法）」にはそのような規定はない。

しかも、ドイツの「基本法」は、日本と違って、連邦議会（下院）と連邦参議院（上院）のそれぞれで三分の二の特別多数があれば改正できる。国民投票の規定はない。

したがって、ドイツでは、実態にあわせてたびたび「基本法」の改正がおこなわれてきた（阿部照哉・畑博行『世界の憲法集』有信堂高文社、2000年）。

最初の重要な改正は、再軍備と徴兵制の導入であった。

反対も強かったが、1954年に「基本法」73条が改正されて、連邦の任務のなかに国防が盛り込まれた結果、「基本法」上で再軍備が可能となった。

こうして、1955年には、志願兵によって連邦軍が創設されるとともに、北大西洋条約機構（NATO）と西欧同盟（WEU）に加盟し、西ドイツは、西ヨーロッパの防衛体制に組み込まれることになった。

1956年にも「基本法」が改正され、再軍備の法体系が整備された。

第12a条で徴兵義務が定められた。

すなわち、「男子に対しては、満18歳より、軍隊、連邦国境警備隊、または民間防衛団体における役務に従事する義務を課することができる」（1項）が、ただし、「良心上の理由から武器をともなう軍務を拒否する者に対しては、代役に従事する義務を課することができる」（2項）と定められ、徴兵を忌避するものは、老人ホームなどの公的施設でのボランティアをすればよいことになった。

ちなみに、徴兵制は、2011年7月1日に停止され、志願制と公的施設でのボランティアに代わる連邦ボランティア役務が導入された。停止であって、廃止ではないのは、緊迫事態や防衛出動事態などが発生したときに復活できるように、「基本法」上の規定が残された。

連邦軍の創設

「基本法」第87a条1項で、「連邦は、防衛のために軍隊を設置する」として軍隊の設置が定められ、

同2項で「軍隊は、防衛のために出動する場合以外には、この基本法が明文で認めているかぎりでのみ、出動することが許される」として軍隊の出動が定められ、

同3項で「軍隊は、防衛出動事態および緊迫事態において、軍隊の防衛任務を遂行するのに必要なかぎりで、民間の物件を保護し、交通規制の任務を引き受ける権限を有する」として軍隊の任務が定められた。

この再軍備の過程で、フランスをはじめ周辺諸国のドイツへの警戒心に配慮して、兵力の上限を設定したり、核・生物・化学兵器というＡＢＣ兵器を製造も保有もしないということを自主的に申し出ていた。

とくに重要なことは、ドイツが独自に指揮できる部隊を少なくし、大部分の戦闘部隊がＮＡＴＯのもとで行動するようにしたことである。陸軍は、１９９０年まで独自の参謀本部すら持たなかった（加藤秀治郎『ドイツの政治・日本の政治』人間の科学社、１９９６年）。

東西冷戦が激化するとドイツも核武装する必要が生まれた。与野党の激論のすえ１９５８年に連邦議会が核武装決議をおこなって、ドイツにＮＡＴＯの核兵器が配備された。

もちろん、核兵器の製造も保有もしないということを原則としているので、核兵器の発射権限をドイツは持たないということで、ドイツ国民の合意を取り付けたのである。

こうして、ドイツは、「核の傘」にはいることで安全保障を実現しようとした。

しかし、「基本法」において、国家主権にかかわる大問題がまだ解決されていなかった。１９５５年に西ドイツは主権を回復したが、ドイツ駐留の米英仏三国が、非常事態がおきたばあいに介入する権限を留保していたからである。この権限を消滅させ、主権の完全回復には緊急事態に関する法整備が必要であった。

冷戦下で、西ドイツは、ソ連からいつミサイル攻撃を受けるかわからないという危険な状態にもおかれていた。

与野党の対立する法律であったが、１９６６年に大連立政権が誕生したのを契機にして本格的に検討され、68年に「非常事態法」が成立するとともに、「基本法」も改正されて「第10ａ章　防衛出動事態　第１１５ａ条—１条」が追加された。

防衛出動事態や緊急事態は、ヒトラーが乱用したという経験から、できることが第１１５ａ条—１条という12条にわたり詳細に規定され、どんな緊急事態であっても、国会での事前承認が義務付けられている。

もしも、事前承認がむずかしいばあいには、あらかじめ数名の国会議員を選出して合同委員会を組織し、過半数の承認が必要とされている。

(3) 軍事的国際貢献

解釈改憲によるＮＡＴＯ域外派兵

ドイツの「基本法（憲法）」において、ドイツの軍事的国際貢献はどこまで認められているのであろうか。

第24条２項で、「連邦は、平和を維持するために、互恵的な集団安全保障の制度に加入することができる」と定められているので、国際連合などの集団的安全保障機構に参加できることになる。

他方、第87a条2項では、「軍隊は、防衛のために出動する場合以外は、この基本法が明文で認めているかぎりでのみ、出動することが許される」と定められているが、ここでの防衛というのは、集団的自衛権のことであるというのが支配的な学説である。ただし、NATO域内での出動しか認められないとされていた。

1982年に当時のシュミット政権が後者の解釈を採用して、連邦軍の派兵は、NATO域内に限定されるという立場をとった。それは、ナチスによる近隣諸国への侵略の反省から、軍事的にひかえめな行動をとるということの意思表示であったのであろう。

しかし、その後のコール政権もこの解釈を踏襲したので、ドイツでも、1991年の湾岸戦争への関わり方について、いかに国際貢献をするかということが議論になった。

ところが、従来から、ドイツ政府は、NATO域外に派兵できないとの「基本法」解釈をおこなっていたので、連邦軍は、多国籍軍に参加できなかった。

したがって、日本と同じように、連邦軍を派兵せずに、資金援助にとどめたので、国際的に「小切手外交」と批判された。

ドイツがNATO域外への派兵ができなければ、安全保障政策の柱であるNATO同盟国との協調活動のほか、EUの共通外交・安全保障政策を遂行するうえで支障をきたし、軍事同盟としての機能がはたせなくなる可能性があった（中村登志哉「ドイツの安全保障規範の変容」『言語文化論集』第xxxv巻第1号）。

ところが、「基本法」を改正するには、連邦議会の三分の二以上の賛成が必要であったが、当時の最大野党である社会民主党はもちろん、連立与党の自由民主党もNATO域外派兵には反対していた。

そこで、コール首相（当時）は、「基本法」は、NATO域外への派兵を禁止していないという解釈の変更、すなわち解釈改憲によって、域外派兵をおこなうことで事態の打開をはかろうとした。

連邦軍の域外派兵

こうして、湾岸戦争への反省から積極的に軍事的国際貢献をおこなうために、解釈改憲によって、コール首相（当時）は、積極的に国連の軍事行動にドイツ連邦軍を参加させた。

1992年7月、新ユーゴへの経済制裁監視のための海軍の派遣、93年4月、ボスニア上空監視のための航空警戒管制システム（AWACS）への空軍の派遣、同月、ソマリア平和維持活動（PKO）への陸軍部隊の派遣などがおこなわれた。

野党の社会民主党は、この派兵は「基本法」違反だとして連邦憲法裁判所に提訴したが、連邦憲法裁判所は、1994年7月に合憲の判決をくだした。

それは、相互的、集団的安全保障の機構の任務としておこなわれる活動には、連邦軍は参加できるというものである。ただし、判決以降は、連邦議会の単純過半数による事前承認が義務付けられた。

合憲判決から2カ月後、東ドイツに駐留していたロシア軍が完全撤退し、英米仏三カ国軍も戦勝国部隊としての地位を失い、ドイツが完全に主権を回復したため、名実ともにドイツが戦後の終わり（ドイツ版「もはや戦後ではない」か？）をむかえたといえるかもしれない（中村登志哉、前掲論文）。

こうして、1995年には、連邦議会は、ボスニアの平和実施部隊への兵士4000人派遣を承認し、97年には、アルバニアから日本人を含む120人の外国人をヘリコプターで救出するのを事後承認した。

そして、第二次世界大戦後はじめて、ドイツ連邦軍が他国への攻撃に参加することを、連邦議会が事前承認した。

NATO域外への軍事攻撃

1999年3月26日、NATO軍によるユーゴスラビア空爆でドイツ政府は、連邦軍のトルネード戦闘爆撃機を攻撃の第一陣から４機参加させ、その後の攻撃にもくわわった。

この攻撃の前年１９９８年10月には、連邦議会は、５８０票のうち賛成５００票の圧倒的多数で、戦闘爆撃機などをユーゴ空爆に投入する計画を、連邦憲法裁判所の判決どおり事前承認していた。

当時のシュレーダー首相は、ユーゴ空爆の必要性を「歴史に責任を負うドイツ人だからこそ、虐殺や民族追放に目を閉ざしてはならない」とのべた。

平和主義と非暴力の原則をかかげる当時の緑の党党首フィッシャー外相も、空爆実施を支持したが、それは、「アウシュビッツを繰り返してはならないという歴史的教訓」がコソボ紛争に対する基本姿勢を決める基盤になったという（中村登志哉、前掲論文）。

２００３年５月に国防相は、連邦軍の主要任務を国土の防衛から国際的な紛争の解決や危機への対処に切り換えるあたらしい国防方針を発表した。それは、現状では、通常戦力による攻撃で国土が侵略される事態は想定できないからであるという。

冷戦が終結して21世紀にはいると世界戦争の可能性は低くなったが、そのぶん、民族間、宗教間、領土紛争などのいさかいの解決、テロへの対処のために国際的に協力していかなければならなくなる。

ドイツ連邦軍も国連の枠組みで積極的に国際貢献していこうということなのであろう。

アメリカのイラク侵攻への立場

21世紀は、それまでの世界戦争や正規軍対正規軍の戦争から、対テロ戦争の時代になるといわれている。それは、２００１年9月11日にアメリカが同時多発テロにみまわれたことを契機にしている。

アメリカによれば、アメリカ本土が攻撃されたのであるから、事前にアメリカへのテロ攻撃の芽をつむような軍事行動も自衛権の行使であるという理屈を練り上げた。いつどこでおこなわれるのがわからないのがテロだからだというのである。

この理屈を体現したものがいわゆる先制攻撃論というものである。国際機関ではなく、実際に攻撃を受けたアメリカが、テロをおこなうおそれがあると認定した国ないし組織を事前に攻撃できるというものである。

これも自衛権の行使だということである。国際法上の自衛権行使であるということを世界に認めさせようとしておこなったのが、２００3年3月20日のアメリカによる事実上のイラク単独攻撃であった。

テロリストに対処できるのは、正規軍ではなく、警察力である。テロリストというのは、民衆にまぎれて、罪のない一般市民を巻き込んで攻撃をしかけ、市民に多大なる恐怖をあたえて、みずからの主張を押し通そうとする卑劣な集団である。

したがって、テロリストを国内にはいれないように常日頃から厳重なチェックをする必要があるし、国内でもテロがおこらないように細心の注意をはらって、未然に防止しなければならない。

しかし、国際テロリストが国家をも巻き込んでテロをおこなうケースが出てきた。国際テロリストに大量破壊兵器をひそかにわたす可能性のあるテロ支援国家、ないしは国際テロをおこなう国家まで存在していることが問題なのである。

そのばあいには、あくまで国連の枠組みで国際テロを防止する行動をとらなければならない。そうしなければ、気に入らない国をある国が「自衛権行使」として攻撃できることになってしまう。その典型的事例こそアメリカによるイラク侵攻である。

当時のイラクのフセイン政権が大量破壊兵器を持っており、それがテロリストにわたる可能性があるのであれば、国連が核・化学兵器査察をおこなって、核兵器や化学兵器を廃棄させれば、テロリストにわたることはない。それだけのことである。

しかし、アメリカは、フセイン政権が大量破壊兵器を隠しているという、たしかな証拠を持っている、国連の核査察はあてにならない、アメリカがみつけてやるから国連で決議をして、ついてこいという態度をとった。

フランスは、国連査察団がもう少し査察の時間が必要だといっているので、イラク攻撃の国連決議に賛成できないといったら、それなら以前の決議でも攻撃できるとしてイギリスを引っ張り込んでイラク侵攻をおこなった。

ドイツの当時のシュレーダー政権は、イラク攻撃の前年におこなわれた総選挙でイラク攻撃反対、国連決議があってもアメリカによるイラク攻撃に参加しないという公約をかかげ、政権を維持した。

国民の反戦気分におもねて選挙で勝とうとするものだという批判もあったが、この行動は、正しいものであろう。

ましてや、アメリカの民主主義を普及する、フセイン独裁政権からイラク国民を解放するという理屈の押し付けなど通用するはずもない。

それは、「劣等民族・劣等者」たるユダヤ人、シンティ・ロマ族（ジプシー）、スラブ民族だけでなく、身体障害者などの社会的弱者まで迫害・虐殺をおこない、「優等民族」たるアーリア人中心の「第三帝国」を作り上げるとして侵略戦争をおこなったヒトラーと次元は同じかもしれない。

ドイツのひとびとが、アメリカのイラク侵攻に「ヒトラー」の姿を重ね合わせたかどうかはわからないが、ドイツがアメリカによる事実上のイラク単独進攻に反対したのは、客観的にみれば、ドイツの侵略戦争への謝罪の一環だったのかもしれない。

（4）外交・安全保障政策と連邦軍

外交・安全保障政策の基本原則

ドイツでは、連邦軍の国際協調活動における基本的決定要因として、三つの原則が働いてきた（中村登志哉、前掲論文）。

第一の原則は、単独主義の回避であり、多国間枠組みの重視である。

ドイツが多国間の枠組みを重視するのは、過去にドイツが独自の行動をとり、単独で行動したことで招いた悲劇を繰り返さないためであるとともに、分割国家として冷戦の最前線に立たされたことで、国家の存続のためには不可欠だったからである。

ドイツが戦後、ヨーロッパの統合の枠組みに参加してきたのは、この枠組みに組み込まれることで、政治・軍事面のみならず、経済的にも国益にかなうものだったからである。

第二の原則は、ナチス・ドイツの侵略により、ヨーロッパに甚大な被害をあたえたことから、ドイツの責務として、二度と戦争をおこさないという不戦の原則である。

ドイツ国内で、軍事組織に対するかなりの忌避感、反軍国主義の風潮が生まれてきたというのも事実であろう。もちろん、自国の防衛のための武力行使を除いたうえでの不戦の原則である。

政策手段としての武力行使を自制するという考え方から、国際社会に対する貢献は、資産凍結などの経済制裁や人道援助や民生支援などを主として選択するという傾向があったといえるかもしれない。

第三の原則は、ホロコーストなどの非人間的・暴力的過去への反省から、それらと決別するということである。

過去の過ちに対する贖罪は、人権侵害をけっして許さないということにもあらわれている。それがユーゴ（コソボ）への空爆だったのかもしれない。

リビアをめぐる対応

ドイツは、コソボ紛争には、虐殺や追放などの残虐行為をやめさせるという道徳的義務から、国連決議なしに、空爆に踏み切った。しかしながら、リビアの飛行禁止空域の設置については、対応が異なった。

内戦状態にあるリビアに対して、２０１１年3月17日にリビア領空における飛行禁止空域設置の承認を求める国連安全保障理事会決議の採決で、ドイツは棄権した。事実上の反対であった。

メルケル首相は、ドイツ政府は、周知のとおり軍事行動に参加しないために棄権したとのべている。ドイツは、１カ月前に提出された軍事行動をともなわないリビア内戦についての国連決議には賛成している。

したがって、この棄権は、不戦の原則を、同盟国との協調や大量虐殺の阻止という上記第一・第三の原則に優先させたということだということができよう。

反軍国主義の空洞化

国際協調活動の第三の原則である反軍国主義の風潮が、空洞化する危険にさらされるようになってきている（木戸衛一「徴兵制『停止』に向かうドイツの政治社会」『立命館法学』2010年5・6号）。

1997年以降、毎年、ドイツの人権団体が共同で発行している「基本権レポート」によれば、NATO域外で活動するドイツの危機対応部隊（KRK）の行動が、国連の委任にもかかわらず、国連憲章の諸規定ばかりか、「基本法」にも抵触しているという。

1996年9月には、陸軍特殊部隊（KSK）が創設された。この部隊は、偵察・テロ撲滅・救出・避難・戦闘・軍事顧問などが主要任務であるが、当初から、連邦議会決議をきらう発言が飛び出すなど、いわくつきのコマンド部隊であるという。

1997年3月に暴動の発生したアルバニアに、政府は、連邦軍の武装部隊を投入し、ドイツ人20人を含む外国人110人を避難させた。これを連邦議会は事後承認した。

323人の連邦軍兵士を動員した救出作戦は、前々から準備されていたはずで、防衛事態の確認に連邦議会の承認が必要という「基本法」の手続きをしなかった疑いがあった。

1999年3月のユーゴスラビア空爆でも、国連決議がなかった。

2001年11月には、連邦軍のアフガニスタン派兵に対する連邦議会の承認をえた。ここで、国家間の関係であるはずの「自衛権」が、テロリストとの戦いである対テロ戦争に拡張され、KSK100名が直接戦闘に参加し、3800名におよぶ兵員が兵站支援・海上監視活動に投入された。

12月には、連邦議会は、KSKを国際治安支援部隊（ISAF）の一員として派兵することを圧倒的多数で承認し、1200名におよぶ武装兵士がアフガニスタンに派遣された。

2003年3月20日からのイラク戦争に、ドイツは、フランスなどと米英の武力行使に反対した。しかし、実際には、この戦争のために、ドイツ国内の米軍基地の使用や米軍機の領空飛行など外交と軍事を使い分ける二重戦略をとった（木戸衛一、前掲論文）。

2006年1月12日に「南ドイツ新聞」と報道テレビ番組「パノラマ」は、イラク戦争のさなか、諜報機関である連邦情報局（BND）の職員が、米軍に対して空爆目標に関する情報を提供していたと報道した。

ドイツは、米英のイラク侵攻に、兵站面だけでなく作戦行動面でも直接加担していたということになる（同論文）。

２００９年９月４日、アフガニスタンのクンドゥズで、タリバンに略奪された２台のタンクローリーに対して、連邦軍大佐が米軍機に空爆を要請し、民間人を含む１４２人が死亡する事件がおきた。

この空爆は、アフガニスタンでの秘密行動をすでに終了したと連邦軍が連邦議会に報告していたはずのＫＳＫが誘導していた。

民間人への配慮、空爆の限定的実施というＩＳＡＦのあたらしい出動規定は尊重されず、警告のための低空飛行もおこなわれなかった。

連邦軍は、この事件の真相をすみやかにあきらかにせず、偽装・欺瞞・秘密保持という手法を国防相・首相府・連邦議会にも使い、文民統制をないがしろにしたと批判されている。

ドイツでも、連邦軍の独走が懸念されるような事態が発生しているようである。

（５）ドイツの領土放棄

旧領土の放棄

１９９０年10月の東西ドイツ統一にあたって、東西ドイツの議会において対ポーランド国境確定宣言が決議された。この宣言は、東西ドイツがそれまで締結した国境線を認めるそれぞれの条約を再確認するものであった。

したがって、統一ドイツの領土は、ベルリンを含む現在の東西ドイツの範囲であるということが事実上決定した。

統一にあたってドイツが対ポーランド国境確定宣言をおこなったのは、第二次大戦で失った旧ドイツ東部の領土要求を放棄することによって、ドイツとヨーロッパを分断してきた戦後体制の克服をめざす東西ドイツの共通の意志を国際社会に示すためであるといわれている。

対ポーランド国境確定宣言

東西ドイツの統一にあたって出された旧領土放棄の宣言の概要は、つぎのとおりである。

西ドイツ連邦議会と東ドイツ人民議会は、
一、ドイツ人とドイツの名の下でおこなわれた犯罪行為によってポーランド国民に多大な苦難を強いたことを想起し、
一、故郷を追われた数百万のドイツ人に重大な不正がなされたことを思い、
一、不幸で痛ましい歴史に思いをいたし、統一ドイツとポーランドが両国間の理解と和解に向けた政治を追求し、両国関係の未来に向けて、善隣友好関係の模範となるような関

係の構築を希望し、
一、両国の和解にさいしては、とりわけ若い世代の活動が重要であることを確信し、統一ドイツとポーランドとの国境線は国際法にかなった条約の締結によって、最終的につぎのように確認することを明言する。
統一ドイツとポーランドとの国境線は1950年7月6日の東ドイツ・ポーランド国境線に関する協定、70年12月7日の西ドイツ・ポーランド関係正常化の基本に関する条約にもとづいて定められる。

両国は、現行国境線を現在および将来も侵すべからざるものと確認し、相互にその主権と領土の不可侵性を無条件に尊重する。

両国は、相互に領土に対する要求をおこなわないことを確認し、将来も要求しないことを宣言する。

第3章　インフレ阻止のドイツ基本法

1　インフレの阻止

(1) 通貨統合条約

通貨価値の安定

2010年5月のギリシャ危機の勃発で、世界中が大騒ぎになったが、たとえ、ギリシャ規模の国がデフォルトしてユーロ圏（ユーロを導入した国）諸国からぬけたとしても、ユーロ安になるとはいえ、ユーロが崩壊することはないであろう。

欧州債務危機における最悪のシナリオというのは、ドイツがユーロ圏から離脱し、ユーロが完全崩壊するということである。

というのは、もしも、インフレが高進すれば、ドイツでは、ユーロを使うことが「基本法

（憲法）」違反となりかねないからである。

したがって、ユーロの存続にとって、致命的なことは、通貨価値が損なわれるということ、すなわちインフレの高進である。

しかも、ユーロ圏内でインフレが高進すると、欧州中央銀行（ＥＣＢ）は、金融引き締めをおこなって、インフレを鎮静化させなければならない。ＥＣＢの唯一の使命が物価の安定と規定されているからである。

マーストリヒト条約の批准

ＥＣＢの唯一の使命は「物価の安定」である。それは、戦前ドイツの天文学的インフレの再来を絶対に許さないというドイツ連邦銀行の金融政策理念を引き継いだからである。

したがって、ユーロを導入する「マーストリヒト条約（通貨統合条約）」が、ドイツの国会で批准されたときに、違憲訴訟がおこされた。

というのは、世界でも最強の通貨であるといわれたドイツ・マルクがなくなり、多くの国で単一通貨ユーロを導入すれば、マルクよりも弱い不安定な通貨になることは確実だからである。

憲法判断をおこなう特別の裁判所であるドイツ連邦憲法裁判所は、１９９３年10月に同条約の批准を、条件付きで合憲とした。

条件というのは、通貨統合に参加する国が、参加してからも、財政赤字のGDP比3％以内、政府債務残高のGDP比60％以内などの通貨統合参加条件をクリアしているかについて、連邦議会が厳密に審査をするように、ということであった。

参加条件が厳格に適用されているかをチェックするために、連邦議会と連邦参議院で適用が厳密におこなわれたということを確認する議決が必要とされた。

したがって、2001年のギリシャのユーロ導入時のデータが虚偽だったことが04年にあきらかになったときには、「マーストリヒト条約」というのは、ドイツの「基本法（憲法）」違反となったはずである。

この連邦憲法裁判所の勧告を遵守すべく、ドイツの提案した旧「安定・成長協定」が1997年に制定された。

この協定は、たとえば、財政赤字のGDP比3％を超えたら警告し、それでも財政赤字の削減がおこなわれなければ、制裁金を課すというものであった、

通貨統合と基本法改正

「マーストリヒト条約」は、1992年2月に調印されたが、それを受けて「基本法（憲

法）」が改正された（『中央銀行と通貨発行を巡る法制度についての研究会』報告書」日本銀行金融研究所『金融研究』、２００４年８月）。

あらたに、「統合されたヨーロッパを実現するために……連邦は、連邦参議院の同意を得て、法律により、諸々の高権（Hoheitsrechte）を欧州連合に委譲することができる」という第23条1項が設けられた。

第88条に、ドイツ連邦銀行の「任務および権限は、欧州連合の枠内で、独立した欧州中央銀行に委譲され、欧州中央銀行は、物価安定の確保という優先的な目的によって拘束される」という文言がくわえられた。

ドイツ連邦憲法裁判所は、「ドイツ連邦共和国は、この連合条約を批准することによって、見通しが利かず、成り行きに任せて、統御不能な、通貨連合への『自動進行機構（Automatismus）』に身を委ねるというわけではない」としている。

ユーロ圏においてインフレが高進すれば、ドイツでは、「基本法（憲法）」違反となり、違憲訴訟が提訴されることはあきらかである。

(2) インフレ阻止を優先

ヨーロッパのインフレ

ギリシャなど南欧諸国の債務危機対策のために、重債務国の国債の買い取りを増やせないECBは、マーケットにすさまじい規模の流動性供給をおこなってきた。それでも、危機が深刻化すると重債務国の国債を購入してきた。

債務危機が深刻化するとユーロ安が進み、その結果としてインフレの高進を放置すると最悪の事態が到来することが予測される。ドイツでユーロの違憲訴訟がおこされる可能性が高まるからである。

「通貨統合条約」の批准が合憲とされた前提は、ドイツ政府と議会が物価の安定を担保するというものであった。したがって、インフレ率が4％を超えると違憲訴訟がおこされる可能性が高くなる。

ECBが理念を継承したドイツ連邦銀行のインフレ阻止目標は、4％を超えないというものだったからである。

そんなことはありえないが、「通貨統合条約」にもとづくユーロが違憲ということになれば、ドイツは、条約を破棄しなければならない。そのうえでドイツ独自のドイツ・マルクに戻ることになる。

そうなれば、ユーロの完全崩壊である。それは、アメリカの国益には合致するが、ドイツの国益には反する。アメリカ・ドルの対抗通貨がなくなって、アメリカは、〝紙〟切れのドルでいままでどおり安心してモノを買うことができるからである。

もちろん、ドイツは、放漫財政国や重債務国を税金を使って救援する必要などなくなるし、かつてのように強い、安定したドイツ・マルクを取り戻すことはできるが、かつての日本のように、すさまじいマルク高に悩まされることになるであろう。

ただ、2013年にはいると消費者物価上昇率は前年同月比で2%を切るようになり、2014年9月にはついに0・3%まで低下した。ユーロ圏諸国は、インフレというよりも、つい最近の日本のように、デフレにおちいる可能性すら出てきている。

景気をすてたドイツ

世界経済・金融危機への対応でドイツの財政赤字のGDP比も急上昇した。

住宅バブル期の景気絶頂期であった2007年には0・25%の黒字、08年に0・1%であったが、09年に3・2%、10年に4・3%と跳ね上がった。政府債務残高のGDP比も、2008年の66・7%から10年に83・2%まで一気に増加した。

財政赤字のさらなる増加を食い止めるために、2009年にドイツ政府は、「債務ブレーキ」

と呼ばれる財政健全化策を導入した。

連邦政府レベルでは、健全化策によって、２０１１年度から財政赤字を段階的に減らし、16年度からは、政府の単年度の対新規債務額をＧＤＰ比で０・35％以下に抑えることが義務付けられた。

州政府レベルでは、２０２０年度から新規債務が禁止されることになった。

この「債務ブレーキ」に対しては、とうぜんのことながら、債務の削減に貢献するものの、「成長ブレーキ」にもなるとの批判が多い。「債務ブレーキ＝成長ブレーキ」というわけである。

しかしながら、ドイツ政府は、経済成長を犠牲にしても、政府債務と財政赤字の削減に突き進んでいるといえよう。

事実、２０１０年に政府は、財政赤字削減計画を公表した。たとえば、軍事基地の閉鎖や人件費削減を含む軍事予算の削減や航空税の導入でさらなる債務の増加を抑え、14年までに、歳出が８００億ユーロあまり削減されることになった。15年には、ついに財政黒字になる。

ドイツのメルケル首相とフランスの当時のサルコジ大統領は、２０１１年8月におこなわれた会談で、ユーロ圏諸国に対して、財政赤字の拡大をふせぎ、財政均衡を義務化することを「憲法」などで規定することを提起した。

この提起などを受けて、ドイツをはじめとして、各国で「憲法」で債務制限を規定するようになってきている。

ドイツでは、「基本法」109条2項で、「連邦およびラントの予算は、原則として信用調達の収入によることなく、収支を均衡させなければならない」と規定されている。

2　財政規律条約の締結

(1) 政治統合の必要性

ギリシャ危機の要因

2010年5月のギリシャ危機は、財政赤字の対GDP比が15%にものぼっているということが09年10月に暴露されて、勃発した。

しかしながら、ユーロを導入してからも財政規律を遵守しなければならないことは「安定・成長協定」で定められていたはずである。

じつは、ギリシャは、財政赤字の実態を隠蔽していたのである。ユーロを導入するさいにも虚偽の数字を欧州委員会に報告していた。

債務危機の元凶というのは、ギリシャなどの南欧諸国が、ユーロ導入前にくらべると国債発行などによって巨額の資金を調達できるようになったことにある。

それは、ギリシャ・ドラクマとくらべてユーロのほうが、はるかに価値が高いからである。もしも、ギリシャなどが国債の償還ができなくなったら、ドイツのようなヨーロッパの大国が肩代わりしてくれるはずだという連想からである。

さらに、そもそも2000年代初頭に景気低迷におそわれたドイツやフランスが財政赤字を増やしたときに、欧州委員会から「安定・成長協定」違反を問われ、赤字削減の勧告を受けたのに、両国は完全に無視したことに端を発している。

欧州連合（EU）の大国であるドイツとフランスが財政赤字削減勧告を無視することで、「安定・成長協定」は、事実上、空文化してしまった。そうすると、ギリシャなどがいくら国債を発行しても、投資家が購入してくれたので、借金に歯止めがかからなくなった。

これが欧州債務危機の一面であるが、その根本的な要因は、ユーロを導入して通貨主権を放棄したものの、導入各国に財政主権が残されたことにある。

欧州債務危機の再現を防止するには、通貨主権だけでなく、財政主権などを超国家機関に委譲する、ゆるやかであったとしても政治統合を実現しなければならない。

経済統合から政治統合へ

そこで、2011年12月8・9日、EU首脳会議が開催された。ここで、抜本的かつさらに踏み込んだユーロ防衛策で合意した。

債務危機に対応するための欧州版ＩＭＦ、すなわち欧州安定メカニズム（ＥＭＳ）を２０１２年７月に前倒しで設立することが決められた。

同年12月13日には、すでに合意されていた放漫財政のユーロ圏諸国を自動的に制裁することができる「新安定・成長協定（財政協定）」が施行された。

この協定にもとづいて、ユーロ圏諸国が財政赤字の対ＧＤＰ比３％の基準を達成できないばあい、欧州委員会が制裁の発動を勧告することになった。ＥＵ加盟国の財務相理事会で反対多数でなければ、最終的に預託金の没収などの制裁が課せられる。

この仕組みは、通常の多数決と違って、反対が多数にならなければ、欧州委員会の勧告どおりに制裁が発動されるので「逆多数決」と呼ばれる。加盟国が制裁の発動を阻止するのがむずかしくなるので事実上の自動制裁となる。

同時に施行されたのが、ユーロ圏諸国の不均衡是正手続きである。財政赤字が累積する背景には、経常収支や賃金水準の不均衡がある。そこで、これらの不均衡の是正をおこなわないと最終的に制裁措置が発動される。

さらに、ユーロ圏諸国の予算編成への介入制度も検討されている。

この制度では、過剰赤字国は、自国の議会に予算案を提出するまえに、財務相理事会と欧州委員会に内容を報告しなければならない。必要に応じて、予算案の再提出、すでに議会で成立した予算の修正も求められる。

こうして、ついにEUは、国家主権の根幹にも踏み込むことになったのである。

欧州債務危機をもたらした大きな要因のひとつは、ユーロ圏諸国の財政規律がみだれたことにあった。財務相理事会と欧州委員会が、ユーロ圏諸国に財政規律を強制的に遵守させる権限がなかったからである。

「新安定・成長協定（財政協定）」と不均衡是正手続きは、ユーロ圏諸国の財政主権のかなりの部分を財務相理事会と欧州委員会に委譲するものである。EUは、ユーロ防衛のために、事実上の政治統合に舵を大きく切ったということができるかもしれない。

そして、ついに、財政規律を強化するための新条約の締結に動き出した。

(2) 財政規律の徹底

財政規律強化の新条約

ユーロがアメリカ・ドルに張り合うような国際通貨になるためには、最終的な政治統合、すなわち欧州連邦の結成が不可欠である。

もちろん、欧州連邦など、国家主権の超国家機関への委譲に強硬に反対してきたイギリスが

EUに加盟している現状では不可能である。

したがって、ユーロ防衛の切り札は、かぎりなく政治統合に接近することである。財政規律強化を条約にまで引き上げようというのが、「財政規律強化のための新条約（「財政協定」と呼ばれる）」の提起である。この協定は、ユーロの致命的欠陥であった通貨主権と財政主権の乖離をかなり克服しようとする画期的なものである。

そこで、2011年12月のEU首脳会議で、財政規律強化のための「リスボン条約」の改正が提起された。ところが、国家主権の委譲をとことんきらうイギリスが大反対し、条約改正は不可能であった。

そこで、イギリスを除外した新条約が模索された。新条約には、イギリスとチェコを除くEU諸国が参加することになった。

「財政協定」の概要は、ひとつは、過剰な財政赤字をかかえる加盟国への自動的な制裁、もうひとつは、財政赤字ゼロの均衡財政の達成と維持を義務付けて、「憲法」などに法制化、三つ目は、加盟国は、自国の議会に予算案を提出するよりも前にEUに提出する、などである。

このように、イギリスとチェコを除くヨーロッパ大陸諸国は、ユーロ防衛におおきく転換することになったということができよう。

通貨統合や政治統合に頑として反対してきたイギリスが除外されれば、ヨーロッパ大陸諸国は、財政規律の徹底に突き進むこともできるし、欧州共同債も発行することができる。

新条約はEU基本条約違反か

この協定を批准すると「憲法」に債務制限を規定しなければならなくなる。そうなると、債務の拡大は、「憲法」違反になる。さらに、財務相理事会や欧州委員会が、財政赤字削減や予算の組み替えなどに強制力を有することになる。

この協定は、国家主権のうち財政主権のかなりの部分を超国家機関に事実上委譲するというものである。

財政規律の強化は、本来は、EUの基本条約である「リスボン条約」の改正でなされなければならないものである。もちろん、EU首脳会議で、国家主権の委譲をとことん排除するイギリスが猛反対した。

そこで、ドイツやフランスなどは、基本条約の改正を断念し、イギリスとチェコを除くEU諸国であらたな条約を締結することになったのである。

ところが、EUの枠外の条約の遂行に関して、欧州委員会などのEU機関を利用するのは、「リスボン条約」違反であるとして、イギリスがEU司法裁判所に提訴する可能性があった。

そこで、違反かどうかは、司法に委ねるしかないが、「リスボン条約」の改正という方向に進むかもしれないといわれた。

通貨統合のときには、通貨統合条約である「マーストリヒト条約」のイギリスの批准にあたって、通貨統合の参加条件をクリアしてもユーロを導入しない権利（オプトアウト条項という）をイギリスに認めたからである。

「財政協定」の条項は、イギリスのほか「憲法」上の理由からチェコには適用されない。とはいえ、そもそもユーロ防衛のために「財政協定」を締結しようとするのであるから、イギリスがこの協定に参加しなくても、まったくさしつかえない。

しかも、この協定は、ヨーロッパ諸国の健全財政のためにどうしても実現しなければならないのである。

財政規律の強化

いわゆる「財政協定」と呼ばれる「経済通貨同盟（ＥＭＵ）における安定、協調、統治に関する条約」は、２０１２年３月に、イギリスとチェコを除くＥＵに加盟する25カ国で調印された。

この協定は、ユーロ圏諸国の財政規律を強化するとともに、その監視を強めるための政府間条約であり、各国に厳格な財政均衡ルールを導入している。

協定では、ユーロ圏諸国の最低12カ国の批准が必要という条件が課せられていたが、この条件をクリアしたことで、２０１３年１月１日に発効した。

ユーロ圏加盟各国は、単年の財政赤字がＧＤＰ比で０・５％を超えないという財政均衡義務を２０１４年１月１日までに、各国の国内法で、可能であれば「憲法」で定めなければならないとされた。

財政均衡ルールに違反したばあいには、是正メカニズムが発動され、当該国に制裁が科せられる。

こうして、ユーロ圏諸国が徹底した財政規律を確立すれば、ユーロは、より強固なものになることは間違いない。

重債務国も、緊縮財政努力によって、財政再建が進み、とりあえずマーケットで国債発行による資金調達が再開できるようになった。あくまでも、とりあえず。

２０１４年３月にアイルランドが３年半ぶりに、４月には、ポルトガルとギリシャが国債の入札をおこなって、マーケットから資金を調達した。

重債務国は、ユーロ残留を選択するかぎり、経済成長をすてても財政再建を優先せざるをえなかった。マーケットで資金を調達できるようになるまで、ＥＵやＥＣＢやＩＭＦから金融支援を受けてきた。

ここに、欧州債務危機と日本の財政危機との根本的違いがある。国債消化のほとんどを外国に依存していれば、日本のように政府債務残高のGDP比が230％あまりという借金などできない。ヨーロッパのように、財政赤字増大にマーケットから歯止めがかかるからである。

財政赤字が膨れ上がると経済成長がとまるという実証研究そのままに推移しているのが日本の失われた20年であったが、ヨーロッパは、この「日本化」を回避すべく、マーケットに強制されてすさまじい財政赤字削減に取り組んでいる。

日本は財政破綻

国と地方をあわせた日本の政府債務残高（借金）が、2013年度末で1024兆9568億円と、ついに1千兆円の大台に到達した。

消費税率が2014年4月1日から8％に引き上げられたが、新規国債発行額は40兆円を超える。2014年度末には、政府債務残高は、1143兆円を超える。国内総生産（GDP）比で230％あまりと、先進国中最悪である。

この財政赤字は、歳出の削減と増税で通常範囲といわれるGDP比60％（ユーロ導入の条件）にまで引き下げることは、長期金利があまり上がらないという前提で、消費税率を30％にでもしないかぎり、不可能である。

それでも、数十年はかかる。日本の財政赤字というのは、そういう状況なのである。

このまま財政赤字が膨れ上がっていけば、いずれ国債の消化ができなくなってしまう。

外国の投資家に買ってもらえばいいのであるが、財政破綻寸前の状態にある日本国債を買う投資家などはいない。

それは、返済の可能性がないということによるものであるが、とうぜんのごとく、格付け会社が日本の国債の格付けを投機的等級まで引き下げるはずだからである。そうすれば、生命保険会社などの国際的な投資家が、日本国債を購入できなくなってしまう。

とすれば、日本国債を国内で買ってもらうために、国債の発行金利を引き上げなければならない。ところが、そうすると、すでに発行された国債の金利も借り換えのさいに跳ね上がり、財政赤字が雪だるま式に増えていく。

それを回避しようとすれば、日本でも、もっぱら政府の「傘下」にある日本銀行が日本国債を際限なく買い続けなければならない。こうして、インフレが高進していくことになる。

しかも、日本は、2020年の東京オリンピックの開催に向けた成長戦略を構築しつつある。現状の日本で、それ以外の成長戦略などとりようがないからである。というよりも存在しない。

もちろん、日本は、抜本的な格差是正や賃上げ・労働条件の向上や年金・福祉の充実などを断行すれば、ある程度は、経済は成長するが、現状では、そんな政策など考えられないことである。

だから、これから、オリンピックに向けて、リニアモーターカーの敷設、世界に誇れる都市作りを標榜した公共投資、国土強靭化のためと称する公共投資など、財政のさらなる大盤振る舞いがおこなわれることは間違いない。

2020年までは、日本経済をなんとか持たせることができるかもしれないが、オリンピックが終わったとたんに、すさまじい財政赤字に打ちひしがれて日本経済は崩壊することだろう。

これが、われわれがおそれる「2020年オリンピック恐慌」の勃発である。

こうして、日本は、必然的に経済が崩壊する。

これぞまさに、世界史の法則である。歴史は繰り返す、である。

日本の国民は、経済が完全に崩壊して、ようやく、これからどうしたらいいか考えるようになるだろう。それまでは、天才的政治家・経済学者でも登場しないかぎり、誰も気が付かないし、世界史の法則に逆らうことなどできないだろう。

敗戦国日本とドイツの戦後経済の冷厳なる帰結は、財政規律の強化に進むドイツとヨーロッパ、財政破綻とインフレ高進という無間地獄にはまり込む日本、にほかならない。

第4章　絶好調続いたドイツ経済

1　経済統合への参加

(1) 経済的な戦後責任

分割国家としての西ドイツ

戦前のドイツ帝国は、第二次世界大戦での敗戦によって先進国としてはただひとつ東西に分割され、資本主義側では西ドイツ（ドイツ連邦共和国）が、「社会主義」側では東ドイツ（ドイツ民主共和国）が建国された。

（旧）西ドイツは、東欧諸国の「社会主義」化によって戦前のドイツ経済圏と東ドイツの農業地帯を失ってしまった。

さいわいなことに、西ドイツには、ほとんどの重化学工業地帯が帰属した。ところが、戦前の東欧経済圏を失ってしまったので、もしも、西ヨーロッパ経済圏で生きていけなければ、西ドイツは経済成長できなくなってしまうという深刻な事態におちいった。

東ドイツ農業地帯を失ったことで、フランスに農業を求めなければならなかった。

ただ、経済成長に必要な労働力は、「社会主義」国に移行した東ドイツや東欧から大量に流入してきた。というのは、ベルリンも東西に分割され、西ベルリンは、西ドイツが建国されても、依然として米英仏三カ国の占領下におかれていたからである。

西側占領三カ国（後にフランスが離脱したが）は、NATOに加盟していたので、ソ連は、西ベルリンに手を出すことはできなかった。もし手を出したら集団的自衛権が発動され、第三次世界大戦が勃発してしまうからである。

したがって、東欧や東ドイツから多くのひとびとが避難民として西ドイツに流入してきた。分割国家西ドイツは、西ヨーロッパに受け入れてもらわなければ、経済成長はおろか、戦後復興もできなかったはずである。

ところが、長きにわたっていがみ合い、直前まで殺し合いをしてきたドイツとフランスが、そうかんたんに手を組もうということにはならないはずである。

もちろん、冷戦の共通の敵がすぐ近くにせまるので、共同して立ち向かわなければならなかったが、「両雄並び立たず」というのが現実だっただろう。

だから、結局、西ドイツがフランスに「頭を下げ」なければならなかった。だが、本来であれば、西ドイツ国民がそんな屈辱的なことを許すはずもない。ところが、西ドイツには、どうしてもそうせざるをえない深刻な事情があった。

統合参加の核心的要因

西ドイツは、侵略戦争への謝罪をまったくしなかったわけではないものの、全面的な謝罪は巧妙に「回避」しながら、不十分ではあるが、戦争責任をナチスによるホロコーストへの謝罪という形ではたしてきた。

とはいえ、戦後、ヨーロッパにおいて、政治的に跳ね上がれば、侵略戦争とホロコーストを根本的に反省しないことを責められることはあきらかである。

さらに、ヨーロッパの統合が進展したもっとも重要な要因は、ドイツの分割占領にフランスがかかわったことであると考えられる。

ドイツが再統一（ドイツ帝国が最初の統一）するためには、占領四カ国による統一条約の調印・批准が必要である。その一角にフランスが食い込んだことで、なんとフランスが、ドイツ統一のキャスティング・ボートを握ることができた。

すなわち、もし、フランスが統一条約の調印・批准を拒否すれば、フランス国境の狭い地域ではあるが、この地域が除かれることになるので、統一ドイツが実現することはないであろう。というよりも、統一条約そのものが、発効しない。

冷戦下で、米ソ両超大国に対して、ヨーロッパが対抗勢力の地位を占め、国際政治の舞台で発言力を維持するには、フランスの国力だけではかなりむずかしい。どうしても強固な経済力を有する西ドイツを引っ張り込む必要があった。

西ドイツとしても、西ヨーロッパのマーケットが必要であるし、政治的にも跳ね上がれないのであれば、政治的・軍事的な側面はフランスにゆだね、みずからはもっぱら経済的果実を求めるという戦略に徹することにしたと考えられる。

(2) 経済統合への参加

東ドイツへの対抗

ヨーロッパの経済統合には、もちろん、戦争のない平和で豊かなヨーロッパを作り上げようという崇高な理念があったことは事実である。

さらに、西ドイツには、どうしても経済成長によって、ひとびとの生活水準を引き上げなければならないという特殊事情もあった。

先進国で唯一東西に分割された西ドイツにとって、どうしても「社会主義」東ドイツよりも経済的優位性を保持しなければならないという、すぐれて戦後的な事情があった。というのは、西ドイツは、統一ということを放棄して、東ドイツより一足先の１９４９年９月に建国してしまったからである。東ドイツの建国は1月後の10月のことであった。

少なくとも東ドイツの建国当初は、ソ連の援助のもとに戦後復興が進み、労働者のための「理想国家」が誕生したとひとびとには受け取られていた。幻想であったが。

したがって、高賃金・高福祉、良好な労働条件や住環境などを実現しなければ、立国の国是が否定されるというきびしい状況におかれた。資本主義陣営は、西ドイツの「社会主義」化だけは、なんとしても阻止しなければならなかったのである。

アメリカが第一次世界大戦後とはまったく違って、日本や西ヨーロッパ諸国にマーシャル・プランという復興援助をおこなったのはそのためである。けっして、人道的見地からなどではない。

西ドイツが経済統合に参加しなければ、あくまでも相対的ではあるが、高賃金・高福祉・長期有給休暇、良好な労働条件の実現など不可能であった。企業の国際競争力が、いちじるしく低下してしまうからである。

しかし、経済圏としての共同体が構築されれば、ヨーロッパで相対的に企業の国際競争力のある西ドイツが経済的果実を獲得できるので、十分に実現可能である。

経済統合への参加

このような事情から、ヨーロッパの経済統合は、フランスのイニシアティブのもとに進められた。もちろん、冷戦に突入していたので、軍事的な統合は、アメリカやイギリスやフランスが主導した。

ドイツを引っ張り込んでフランスが経済統合を主導した大きな要因のひとつに、ヨーロッパにおけるドイツの軍事的な潜在的脅威を取り除くことがあった。

その大前提として、勝手な軍事行動ができないようにするため、「欧州防衛共同体（ＥＤＣ）設立に関する条約」が調印されたが、フランスの反対で頓挫した。

そこで、ドイツのヨーロッパでの軍事的な自立をなんとしても阻止するために、西方連合・西欧連合、ＮＡＴＯなどの枠組みが用意された。

経済的には、ドイツの軍事的な自立化を阻止するために、軍需産業に歯止めをかける必要があった。

そのために、フランスは、兵器の原材料である鉄鋼と当時のエネルギーの根幹である石炭の生産を超国家機関の監督下におけば、ドイツが勝手に軍備を増強することができなくなると考えた。もちろん、鉄鋼や石炭の増産がせまられたからであるが。

戦後まもなくフランスが石炭鉄鋼共同体の結成を提唱したのはそのためである。フランスの提案に、ドイツ、イタリア、ベネルクス三国が賛同し、１９５１年4月に日の目をみることになった。こうして、欧州統合が6カ国で本格的に開始されることになった。

ドイツは、ＡＢＣ（核・生物・化学）兵器の放棄を宣言していたものの、戦前をみるまでもなく、国際情勢の変化でドイツが独自に核兵器開発をおこなわないという保証はいっさいない。

西ヨーロッパ諸国は、ドイツが常識的・良識的な行動をとることなどまったく期待していない。それは世界史からみても明々白々である。

したがって、核兵器の配備につながる原子力開発をどうしても超国家機関のもとにおく必要があり、１９５７年に欧州原子力共同体が設立された。

このように、軍事力増強と核兵器装備を勝手に進められないようにしたうえで、ドイツ企業に収益機会をあたえるべく欧州経済共同体（ＥＥＣ）が結成された。活動を開始したのは、１９５８年のことであった。

2　通貨統合の実現

(1) 関税同盟から市場統合へ

関税同盟の成立

ＥＥＣが設立されてから、ヨーロッパ経済は予想以上のダイナミックな経済発展をとげた。その前提として、１９５０年代のドイツ重化学工業主導の経済の復活があった。

それが可能だったのは、なんとドイツの戦前の重化学工業能力がほとんど残存していたからである。ドイツ側が設備を疎開させたこともあるが、アメリカが冷戦の到来にそなえて意図的に重化学工業設備を爆撃目標からはずしたからである。

ドイツが「廃墟」から復興したというのは一面では事実であっても、アメリカは、戦後の冷戦にそなえる準備をしていたのである。

ドイツなどでの、１９５０年代の戦後復興による高度経済成長がほぼ終了するころにＥＥＣが発足した。

ドイツをはじめとするＥＥＣ諸国がさらに経済成長するには、経済共同体内での経済の活性化が必要であった。それを促進した要因は、ＥＥＣ内で関税を徴集しないという関税同盟の結成である。おかげて、１９６０年代にかけて、ヨーロッパの経済がかなり成長した。

そもそもＥＥＣに参加したドイツ、フランス、イタリア、ベネルクスというのは、どちらかというと先進国に属しており、ここで関税を徴集しなければ、物流が活発化し、経済が成長していくことになるからである。

農業共通政策も実施された。この政策は、農業を保護し、食料自給率を高め、各国が最大限食料を自給しようというものである。

日本などと違って、ＥＥＣ諸国は、リカードの比較生産費説にあるように、各国が相対的に競争力のある産業に特化し、貿易をおこなえば、みんな利益をえられるという考え方はとらなかったのである。

こうして、関税同盟が完成した１９６７年になると三つの機関が統合されてＥＣ（欧州共同体）が結成された。

ヨーロッパの統合というのは、ドイツの封じ込めが唯一・最大の動機である。

したがって、関税同盟で統合が終了して、経済成長が見込めなければ、ドイツがフランスに遠慮する必要もなくなる。もちろん、ドイツが「社会主義」東欧に回帰することもできなかったのだが。

通貨統合の挫折

海千山千のEC諸国を束ねていくのは、並大抵の政治力ではむずかしい。日本の政治家などではほとんど不可能である。

フランスなどは、なんとしてもドイツを西ヨーロッパの統合に抑え付けておくためには、ドイツに経済的果実をあたえること、そのためには、実現不可能と思われるような「崇高」な目標をかかげて、突き進むということが不可欠だという認識を持っていた。

そこで、関税同盟のつぎは、通貨統合だと短絡的な思考をしてしまった。

だが、それは、通貨統合の本質についてまったく無理解だったばかりか、実現不能な発想であった。通貨を統合する前提が、ほとんどといっていいほど整っていなかったからである。

しかも、通貨統合が提起されたのは、戦後構築されたIMF（国際通貨基金）体制が1971年に崩壊し、固定相場制から変動相場制に移行する時期であった。

通貨統合というのは、各国の為替変動幅をゼロにするというものである。固定相場制というのは、為替変動幅がゼロというわけではないが、それに逆行する事態が進んでいたのである。

そのこともあって、1970年代初頭は、国際金融市場は大混乱していた。とうぜん、通貨統合などできようはずもなかった。

そこで、ドイツとフランスの主導のもとに、通貨の変動幅を狭い範囲におさえるという欧州通貨制度（ＥＭＳ）が１９７９年に設立された。

ＥＭＳは、みごとに成功し、１９８０年代にはいるとインフレが抑制されるなかで、経済が成長していった。

このＥＭＳは、１９９０年代にはいると国際的な為替投機の攻撃にあって危機におちいったものの、為替相場の変動幅を広げることで防御することができた。ＥＭＳによって、通貨統合実現のための通貨面での前提が整ったということができよう。

ところが、経済面での前提がまだまだ不十分であった。関税同盟は成立しているとはいうものの、一国市場のようなものからはほど遠いものだったからである。

そこで、ＥＣは、域内市場統合に着手した。

域内市場統合

１９９３年からＥＣの域内で「ヒト、モノ、カネ、サービス」の移動の自由を実現しようというのが、域内市場統合である。

関税を徴集しないとしても、それだけで、モノやカネやサービスが自由に取引されることはない。ヒトも自由には移動できない。数量制限などの非関税障壁、さまざまな規制や税制などが自由な取引をさまたげているからである。

市場統合が実現すると、文字どおり一国市場と同じようなマーケットがＥＣに登場する。そうではあるが、経済的な障壁は除去されたとしても、財政的な障壁がすべてなくなることはかなりむずかしい。国家主権の根幹をなす税制などは、他国の干渉を受けて変えることなど論外であって、できようはずもない。

したがって、市場統合において、税制の調和（統一）はほとんどできなかった。国益に関わることなので、総論賛成・各論反対というのは、いずこも同じだからである。

ところが、おりしもヨーロッパ諸国を驚愕させるような事件が発生した。なんと、１９８９年11月９日にベルリンの壁が崩壊し、東西のドイツ統一が現実味をおびてきたのである。東欧諸国がのきなみ資本主義化・自由化してきていたので、ドイツが戦前の経済圏に回帰する可能性が出てきた。

西ヨーロッパ諸国首脳は、ドイツを西ヨーロッパに押し留めておくための経済的な仕組みがＥＣだったはずなのに、市場統合によって、ドイツの経済的利益が損なわれるのであれば、ドイツは、ＥＣをすてるのではないかという恐怖におののいた。

それまで国益を盾に、市場統合のための障壁除去について侃々諤々の議論をしていたＥＵ諸国は、税制を除いて、あっというまに合意してしまった。

税制はほとんど統一されず、不十分なものだったにもかかわらず、１９９３年から域内市場統合が開始されたといわれた。まさに、ドイツ封じ込めがヨーロッパの統合の基底的動機だというゆえんである。

不十分であるとはいえ、一国市場と「同等」の域内市場統合が実現することで、通貨統合の経済面での前提が整うことになった。

(2) ユーロの導入

フランスの深謀遠慮

東西ドイツが統一し、市場統合が現実味をおびてきた1991年12月に、通貨を統合する「マーストリヒト条約（通貨統合条約）」がEC首脳会議で合意された。

この条約の合意を促進したのも、ドイツ統一と、それにともなってドイツが西ヨーロッパ統合の枠組みから離脱するのではないかという恐怖であった。

ドイツの防衛主権は、NATOへの加盟で事実上放棄されていた。

ドイツ連邦軍は、NATOのもとに組み込まれているからであり、よしんば、NATO諸国を侵略すれば、集団的自衛権が発動され、アメリカなどNATO諸国との戦争になってしまう。

ドイツが西ヨーロッパの経済同盟に見切りをつけ、東欧に回帰し、NATOから離脱すれば、ドイツは軍事的にも自立することができる。ふたたび、ドイツがヨーロッパの脅威になってしまう。そうすると、ひとびとは、枕を高くして眠れなくなる。

したがって、なんとしても、ドイツを西ヨーロッパにとどめておかなければならない。もちろん、これは深刻な誤解であるが、ＥＣ諸国の首脳は、通貨を統一し、経済統合を完成させれば、ドイツは、西ヨーロッパの枠組みにとどまるはずだということを思い付いた。

ところが、超難問は、ドイツ国民が通貨統合には大反対だということであった。ドイツ国民は、いまですら、そのほとんどがドイツ・マルクの放棄に反対している。

それは、１９２０年代の天文学的インフレの記憶によるものである。ハイパー・インフレがおこると、庶民の貯蓄は、あっというまに消え去り、生活が破壊されてしまうからである。

インフレの高進というのが、究極の不公平・不平等であるのは、庶民からの「合法的」な収奪だからである。政府や企業の債務（借金）もチャラになる。インフレの高進こそ、庶民から政府・企業への「所得移転」である。

そこで、インフレの高進を許さないために、戦後あらたに中央銀行としてドイツ連邦銀行が設立された。その使命は、ただひとつ、インフレの阻止（通貨価値の擁護）とされた。

戦後、ドイツでさほどインフレが高進しなかったのは、ドイツ連邦銀行が政府から高い独立性を確保して、インフレ阻止の金融政策を断行できたからである。したがって、ドイツでは、連邦銀行とドイツ・マルクへの庶民の信認はきわめて高かったのである。

そこで、ドイツにマルクを放棄させるために、老練なフランスの政治家は一計を案じたのである。

ドイツがマルクを捨てなければ、フランスは、東西ドイツの統一条約に調印も、批准もしないとせまったのである。ドイツは、しぶしぶフランスの提示した条件をのんだ。

東西ドイツの統一というのは、西ドイツの悲願だったので、ドイツ政府は受け入れざるをえなかった。もし、条約の批准がフランスのように国民投票に付されたとすれば、ドイツ国民は確実に否決したはずである。

こうした経緯をへて、通貨統合のための「マーストリヒト条約」が１９９１年12月に首脳会議でようやく合意された。

ドイツでの同条約違憲訴訟にようやく決着がついたので、１９９３年11月に同条約が発効した。呼び方も、それまでのＥＣから、欧州連合（ＥＵ）に変更された。

強い通貨ユーロ

ドイツは、１９９０年10月の統一のためにドイツ・マルクをすてることを受け入れたが、いざ統一が実現してしまうと後悔した。いまさらいやともいえないので、今度は、ドイツ政府とドイツ連邦銀行が、ここで一計を案じた。

通貨統合は認めるが、導入される単一通貨ユーロは、インフレをおこさない、強い通貨でなければならないと主張しはじめた。

もちろん、それは、もしインフレが高進すれば、中央銀行の唯一の使命を通貨価値の擁護(物価の安定)と定めた「ドイツ連邦銀行法」違反になってしまうからである。

法令を遵守するという大義名分をかかげて、ドイツは、条約交渉で猛然と反撃に出た。すなわち、単一通貨ユーロを、インフレをおこさない、強い通貨にしなければならないということを前面に押し出したのである。

具体的には、通貨統合に参加するには、財政赤字のGDP比3%以内、政府債務残高のGDP比60%以内などなど、きびしい条件をクリアしなければならないということを提案した。

これは、東西ドイツ統一をして、膨大な財政赤字をかかえる当時のドイツですら、クリアできないものであった。

当時はまだ、フランスやイタリアなど南欧諸国には、インフレの抑制などという発想はあまりなかった。多少のインフレでも景気がよく、雇用が確保されていればいいという風潮が支配的だったからである。

だから、ドイツは、このようにきびしい参加条件を課せば、フランスやイタリアなどが通貨統合をあきらめるはずであるとふんだのである。

ところが、このドイツの提案に、西ヨーロッパの統合から離脱し、東欧市場に回帰するという、ドイツの、もう一方の深謀遠慮を読み取ったフランスやイタリアなどは、なんと、このドイツの無理難題の提案をすんなりと受け入れてしまった。

しかも、フランスやイタリアなどは、ドイツがそれほどまでに東欧市場に回帰したいのであれば、いっそのこと東欧を西ヨーロッパに「回帰」させればいいという逆転の発想に切り替えたのかもしれない。

その後、東欧諸国をEUに積極的に加盟させるようになったのは、そのためであろう。

ユーロを導入するために設立された欧州中央銀行（ECB）は、それまでのドイツの中央銀行であったドイツ連邦銀行の金融政策理念を継承することになった。

こうして、ECBは、ユーロ圏（通貨統合参加諸国）の政府や欧州委員会から独立して、物価の安定だけを使命とする中央銀行として設立されたのである。

イギリスの不参加

フランスなどが通貨統合を推進したのは、経済統合の必然的帰結（ほんらいはそうではないが）が通貨統合と考えられるとともに、1991年のソ連邦の崩壊で事実上冷戦が終結し、唯一の超大国となったアメリカに対抗しうる単一通貨圏を構築するためであった。

だが、それはほんの一面にすぎない。

東西ドイツが統一し、ますますヨーロッパでの潜在的脅威を強めているドイツを抑え込むには、ドイツ国家そのものを消滅させることが手っ取り早い。

もちろん、そんなことができようはずもない。

そこで、フランスなどは、ドイツから国家主権を徐々に取り上げる策略を練り上げた。その第一弾が通貨統合である。通貨統合は、たんなる経済統合ではない。通貨(発行)主権がECBという超国家機関に委譲するものにほかならないからである。

通貨統合が、経済統合の必然的帰結ではないとするゆえんである。通貨統合は、経済統合とは次元が異なっており、政治統合の範疇にはいる。だから、ややっこしいのである。

イギリスがユーロ導入に一貫して反対しているのは、通貨統合というのが、経済統合の範囲を越えているからである。誇り高きイギリスが、一部とはいえ国家主権を超国家機関に引き渡すなど考えられないことである。

フランスは、イギリスなど通貨統合に参加しなくてもいいと考えていた。アメリカの「手先」であるイギリスが参加すれば、気を使わなければならないからである。

したたかなフランス

そもそも、通貨統合のねらいのひとつは、貿易赤字を垂れ流すアメリカへの対抗勢力を結集しようということにあった。

フランスなどがユーロの導入を強力に推進したのは、アメリカに対抗しうる経済力を背景にした強力で安定した通貨の構築と、減価するアメリカ・ドルに代わりうる通貨が必要だったからである。

そうすることによって、世界の投資資金をヨーロッパに呼び込むことができ、経済を成長させることができるようになる。

こうして、フランスは、アメリカに匹敵する単一通貨圏を支配し、国際的な地位がはるかに向上していくことになる。

封建制下では世界の中心であった誇り高きフランスは、第二次世界大戦で没落し、戦後、「成り上がり者国家」アメリカの後塵を拝してきた。

戦後、フランスはドイツに、戦争責任と戦後責任をとることを求め、西ヨーロッパの統合を推進してきた。フランスの戦後世界政治における地位は、ドイツの「控えめ政策」によって築かれたものである。

通貨統合の実現によって、ついに、かつてのフランスの栄光をアメリカから奪還することができる。

ところが、フランスの、ドイツから通貨発行権という国家主権の一部を奪い取るという、したたかな、とんでもない、ほんとうの意図というのは、けっして、そんなところにはなかったのである。

ドイツ封じ込めの戦略、すなわち勝手な軍事行動をさせないということを貫徹するためには、軍備増強ができないようにしなければならない、ということであった。

すなわち、軍備増強のために、ドイツという国の中央銀行が、「印刷」したマネーを提供できなくすればいいということである。

ユーロ導入の本質

1933年に政権を奪取したヒトラーは、当初、アウトバーン（高速道路）建設などの公共投資で大恐慌を克服し、経済成長を実現した。

景気の回復で「人気」が高まったが、さらに国民の支持を獲得すべく、国民の「反ユダヤ」意識をたくみに悪用して、ユダヤ人敵視政策をとるとともに、戦争経済の構築するために、軍備増強をはかろうとした。

そのためには、膨大な財政資金が必要であるが、資金の確保のためには、増税をしなければならない。

しかし、いくら「人気」のあるヒトラーといえども、そうそう大増税などできるはずもない。増税すれば、「人気」が急落し、戦争などは、とてもできなくなってしまうからである。

そこで、ヒトラーは、「中央銀行（ライヒスバンク）法」を改悪し、その従属下におくことで、戦争に必要な資金をいくらでも出させるようにした。中央銀行だけがマネーを作り出すことができるので、とりあえずは「無限」に軍備の拡張ができる。

もちろんそんなことはありえなかったが、もし、いうことをきかないとしてヒトラーが解任したシャハトがライヒスバンク総裁を続けていたとすれば、ヒトラーは、第二次大戦に踏み込めなかったかもしれない。

とはいえ、「ライヒスバンク法」は、国会をむりやり傘下においた政府であれば改悪することはできる。事実、ヒトラーは大改悪した。

だから、中央銀行がいくら行政機関の一部であるとしても、政府が勝手に都合のいいように法を改悪してはいけないのである。中央銀行の政治・政府からの確固たる独立性が不可欠なのはそのためである。

ちなみに、日本では安倍政権は、日本銀行にすさまじい政治的圧力をかけて、とんでもない金融緩和、資金供給をおこなわせている。軍事力強化もおこなっているので、日銀を事実上の

「従属下」においた安倍政権の行動は、ヒトラーと次元は同じかもしれない。

ドイツの国家主権をすべて超国家機関に取り上げる政治統合などそうかんたんにできるはずもないので、フランスは、戦費を勝手に調達できないようにすることをもくろんだのである。ユーロ導入のほんとうのねらいは、ここにあったと考えられる。

ユーロ導入によって、通貨発行権がＥＣＢに委譲された。それまでのドイツの中央銀行であった連邦銀行は、欧州中央銀行制度の一支店にすぎなくなり、ユーロ発行権はもっていない。そうすると、万が一、ドイツが独自に戦争をしようにも、必要な資金は大増税によってまかなわなければならない。

20％を超え、ただでさえ高い付加価値税率を30％あたりまで引き上げたら、政権が崩壊する。このような増税案は、そもそも連邦議会をとおらないだろう。

このように、ヨーロッパ諸国は、あの手この手でドイツの軍事的脅威の削減に腐心してきたのである。

3　絶好調だったドイツ経済

ユーロの致命的欠陥

みてきたように、ヨーロッパの統合というのは、ドイツの封じ込め、冷戦期の米ソへの対抗、冷戦終了後のアメリカへの対抗、など経済的要請というよりも、むしろ政治的必要性から進展してきたのである。

したがって、ユーロ導入にしても、はじめから致命的欠陥をかかえていた。そんなことはみなわかっていた。

ユーロ導入国は、通貨主権をECBに委譲したものの、いぜんとして財政主権をかかえたままである。もちろん、「安定・成長協定」で財政主権に対する縛りがかけられたものの、有名無実化した。

このユーロの「生まれ出る悩み」・致命的欠陥は、1980年代末から90年代初頭にかけておこなわれた通貨統合の議論で再三再四指摘されたことである。ところが、是正するための妙案は浮かばなかった。

もちろん、その解決策というのは、きわめてかんたんである。通貨統合と政治統合を同時におこなえばいいだけのことである。欧州連邦の設立ということになるのであろうが、そんなことは、10年はおろか、50年や100年たっても無理であろう。

とすれば、通貨統合をあきらめるしかない。

そこで、ヨーロッパ諸国の政府首脳は、政治統合による通貨統合か、あるいは断念かという二者択一をせまられた。

ところが、ヨーロッパの統合というのは、政治・軍事的要請で進展してきたし、これからもこの要請が消滅することはないであろう。とすれば、両者の折衷案でいくしかないということになる。

すなわち、通貨主権はＥＣＢに委譲するが、財政主権をはじめとする国家主権は各国に帰属したままにする。ただし、「安定・成長協定」を締結し、財政主権に縛りをかけるということになった。

単一通貨を導入したとしても、もし、経済力格差などがあるとそれぞれの国でのユーロに強弱が出てくる。そこで、通貨統合がはじまるまでに、経済力格差の是正（収斂）措置がとられることになった。

ユーロの導入

かくして、１９９９年1月に単一通貨ユーロが導入されたが、じつに11カ国も参加させてしまった。２００1年にはギリシャまでユーロを導入した。

本来であれば、ＥＥＣを結成したときの6カ国のうち、イタリアを除いた5カ国にオーストリアをくわえてユーロを導入すべきだった。そうすれば、経済格差もあまりないし、インフレもあまり高進していない国が多かったので、うまくいくはずであった。

ところが、当初、ギリシャも含めて、なんと12カ国も参加してしまった。

事前に経済力格差の是正もあまりおこなわれず、ごまかして財政赤字の削減をおこなった国もあったので、苦難の船出であった。そもそも、ギリシャの財政赤字の数字が虚偽であった。

ところが、このユーロの致命的欠陥が、ドイツにとっては、きわめて有利に働いている。災い転じて福となす、である。

ユーロが流通する広大な単一通貨圏が成立したことで、相対的に高い国際競争力をもつドイツ企業が、膨大な収益をあげることができるようになったからである。

しかも、ここが重要な点であるが、ユーロ導入国間の経済力格差があまり是正されなかったにもかかわらず、単一通貨が導入されたので、国によってユーロ価値が異なるようになってしまった。

異なる通貨が使われていれば、経済力の弱い国の通貨が安くなるはずである。そうすると輸出が増えて、輸入が減り、貿易赤字が減少していく。輸入が減るのは、輸入価格が上昇するからである。

ところが、自国通貨安になると国内通貨の換算で高くなるのであるが、単一通貨ユーロだと、ユーロ価格で高くなってしまった。ということは、ドイツなどは、輸出するさいに、たとえば本当は1000ユーロがコストプラス適正利潤なのに、1200ユーロで買われるということである。

ドイツは、200ユーロの超過利潤をえられるが、経済力の弱い国は、逆に200ユーロも損してしまう。ドイツが現地価格で200ユーロ安くすれば、より多くのモノが売れ、それでも儲けられる。

このようにして、ドイツは、ユーロ導入に参加することでかなりの利益をあげている。ギリシャのひとびとが、資産バブルのときに、「ドイツはギリシャでボロ儲けしたのではないか、金融支援はそのお返しだ」といったのは、そういうことであった。

ギリシャ危機の勃発で欧州債務危機が発生すると、ドイツは、今度は、為替そのものでも儲けることができるようになった。

致命的欠陥が利益に

ユーロが導入されるとヨーロッパでは、必然的に、資産バブルが発生した。

不十分とはいえ、まがりなりにも財政赤字が削減されてユーロが導入されたので、とりわけギリシャやスペインなどの南欧諸国での長期金利は劇的に低下した。

そうすると資金需要が旺盛となり、住宅価格が上昇し、国債の価格も上昇（金利は低下）した。おかげで、ヨーロッパ諸国とりわけギリシャやスペインなどの南欧諸国だけでなく、ドイツなども空前の好景気を謳歌した。

このヨーロッパの資産バブルもアメリカのリーマン・ショックで崩壊し、２００９年10月に、ギリシャのとんでもない財政赤字が発覚すると、10年5月に、欧州債務危機が勃発した。ギリシャ危機は、資産バブル期に膨大な国債を発行して資金を調達し、その資金が公務員などへのバラマキに使ったことで発生した。ギリシャの歴代政権は、膨大な財政赤字をひた隠しにしてきたが、政権交代ですさまじい財政赤字がとうとう暴露された。

そうするとユーロが暴落した。ギリシャが財政破綻し、国債のデフォルトにおちいれば、ユーロが崩壊する危険性があるからである。

ちなみに、リーマン・ショックがおこると急激に円高が進み、日本経済は苦境におちいった。

それは、世界の投資資金が、相対的に安全とされる日本円に流入するだけでなく、欧米に投資されていた資金が還流したからである。

欧米の資産バブル期には、日銀のゼロ金利政策による資金を調達して、欧米の金融商品に投資する、いわゆるキャリー・トレード（円借り取引とか金利差取引といわれる）が横行した。これが逆流したのである。

日本で円高に対応すべく、為替介入をおこなうと国際的なはげしい批判にさらされる。円高に耐え切れず、日本企業から悲鳴があがったのも、とうぜんのことである。

ところが、ドイツで使っているユーロは逆に、安くなった。ユーロ安政策をとっているわけでもないのに、世界中からギリシャ危機を同情されながら、ユーロが安くなった。こうして、ドイツは、域外貿易でも膨大な利益を獲得することができたのである。

ギリシャなどの南欧諸国が財政規律を守ってくれていれば、欧州債務危機が発生することはなかっただろうし、ユーロ安になることもなかったかもしれない。

しかし、そもそも「安定・成長協定」をドイツやフランスが反故にしたし、さまざまな制度的な要因から無理であった。

好調なドイツ経済

みてきたように、「ユーロの便益」をとことん享受しているドイツ経済は好調であった（図表1参照）。

失業率は、2013年に6・9％まで低下した。1990年のドイツ統一以降で最低の水準である。株価も史上最高値を更新した。

2013年9月の貿易黒字は204億ユーロとなり、過去最大であった08年6月の198億ユーロを上回った。貿易に投資収益などをくわえた経常収支の黒字は、GDP比でじつに6％

図表1　ユーロ圏の実質GDP

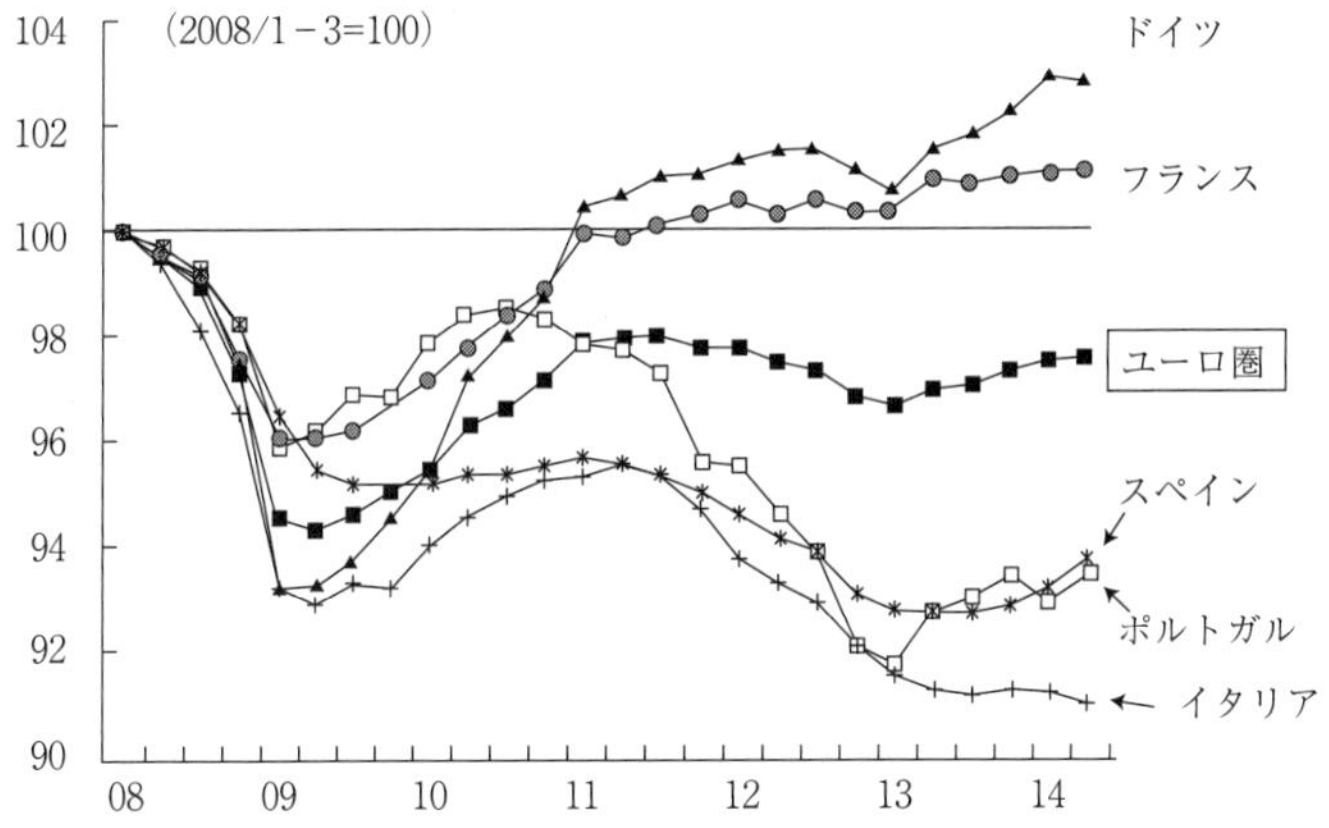

（注）ドイツのみ2010年基準への改定後。
（資料）欧州委員会統計局。
（出所）「ニッセイ基礎研究所」『weekly エコノミスト・レター』2014-08-22。

を超えている。

経常収支の年間の黒字は、近年、２０００億ドルを超えており、２０１１年、12年と中国をおさえて世界一で、13年も過去最高を更新している。

ＥＵは、域内の経済的な均衡をたもつために、加盟国に対して過去三年間の経常収支黒字のＧＤＰ比を６％以内におさえるように求めている。ドイツは、この上限を超えているので、欧州委員会は調査に乗り出している。

アメリカ政府もドイツに対する批判を強めている。

２０１３年10月に発表した議会への為替報告書で、ユーロ導入諸国の経済成長が「ドイツの内需の弱さと、輸出依存」によってさまたげられていると指摘した。

さらに、国内の需要を喚起して、輸入を増やし、経常収支の黒字を減らすべきだと批判している。これは、1980年代の日本への批判とにたようなものである。

好調な経済を背景にドイツは、EU諸国の財政再建による健全財政を強引に進めてきた。この手法に批判もあるが、少子高齢化がますます進展するこれからの経済にとって、健全財政を実現することは不可欠である。

いまやヨーロッパを「支配」しているのはドイツだといわれている。政治をフランスに任せ、経済的果実だけをひたすら追求してきたドイツが、ついにヨーロッパの「支配者」になったということなのであろうか。

これが、戦後のドイツのしたたかな生きザマなのである。

第5章　憲法9条の遵守と日本経済

1　日本経済の構造転換

(1)　バブル崩壊の大不況

戦後日本の経済構造

日本では、欧米よりかなり早い1980年代末に資産（不動産・株式）バブルが発生した。それは、日本が高度経済成長以降、経済成長できなくなってきたからである。どうしてなのかをあきらかにするには、戦後構築された日本経済の構造をみなければならない。

1949年に中国革命が成功すると、アメリカは、日本を対「社会主義」の最前線基地にしなければならなくなった。中国を対ソ連の盾にしようとする、それまでのアメリカの戦略が挫折したからである。

そこで、日本の「再軍備」をおこなうために解釈改憲をおこなって、警察予備隊、保安隊、自衛隊を創設した。

経済的には、戦後の冷戦体制のもとで、アメリカは、「社会主義」体制の東側の「砦」として、日本の重化学工業化を本格的に進めた。西側の「砦」は西ドイツであり、西ヨーロッパの防衛体制に組み込んだ。

「社会主義」に対する「砦」とするためには、軍事的にはもちろん、経済的にも強固でなければならない。西ドイツには、すでに完璧な重化学工業がそなわっていたが、日本のそれは、軍需産業を根幹とするお粗末きわまりないものであった。

そこで、アメリカは、最新鋭の重化学工業を日本に導入した。あらたに産業設備を導入するので、すさまじい高度経済成長を続けることができた。

エネルギーもアメリカの戦略にしたがって、それまでの石炭から石油に強引に転換させられた。

高度経済成長期に、すさまじい大気汚染にみまわれたが、日本で中国の微小粒子状物資（PM2・5）などのような被害があまりなかったのは、このエネルギー転換によるものであったのであろう。

歴史上まれにみるような、さしもの高度経済成長も1970年代初頭に終了した。

本来であれば、ドイツのように、高賃金・高福祉（ただし高負担）や長期有給休暇の付与などによって、内需拡大による経済成長を進めるべきであった。

ところが、なんとしても賃上げをしたくない日本企業は、アメリカやヨーロッパなどにマーケットを求める選択をおこなった。ところが、それが「悲劇」のはじまりであったことに、ほとんどのひとは気が付かなかった。

外国為替相場が、それまでの固定相場制から変動相場制に移行したからである。

日本は、冷戦期で最先端の軍需産業に特化せざるをえないアメリカに、消費財などを中心に輸出攻勢をかけた。とうぜんのごとく、膨大な貿易黒字が累積して、円高が進んでいった。

こうして、輸出企業は、アメリカにいくら輸出しても受け取ったアメリカ・ドルが減価していった。為替で膨大な損失をかかえる輸出企業にとって、高賃金・高福祉・長期有給休暇など、とんでもないことであった。

ヨーロッパのドイツ

ドイツはといえば、巧妙に戦争責任・戦後責任をとることで、西ヨーロッパの統合に参画することができたので、西欧経済圏をいわばドイツの「国内市場」にして、企業は、相対的に高い収益を獲得することができた。

国防主権を事実上放棄し、政治・外交をフランスにゆだね、ナチス・ドイツのユダヤ人迫害・大虐殺（ホロコースト）をヒトラーに代わって反省・謝罪することで、みずからは、もっぱら経済的果実を追求する戦後戦略が功を奏したのである。

ドイツ国民が、侵略戦争とホロコーストに真摯に反省してきたとは、お世辞にもいうことはできない。

ひとびとは、国家のために戦ったのであって、罪を犯したわけではないと思いたいからなのである。そうしないと、ひとびとは、誇りをもって、人生をまっとうすることができないのであろう。

このひとびとの心情にこたえたのが、ドイツのふたりの政治家であった。

ブラント元首相のひざまずいてのお祈りは、おそらくは、世界に向けたパフォーマンスであっただろう。しかも、それは、あくまでも、ヒトラーとナチスによるホロコーストについて謝罪したものである。ポーランドへの侵略など、真摯に反省したとはいえない。

ヴァイツゼッカー元大統領の「名演説」は、侵略戦争とホロコーストに対するドイツ国民の戦争責任・戦後責任を巧妙に「免罪」しているように見受けられる。演説のロジックからしても、逆説的には、すばらしい「名演説」である。

極論すれば、このふたりの政治家によって、ドイツは、侵略戦争とホロコーストを真摯に反省する国だという国際的評価を勝ち取ることができたとすら、いうことができる。

ここで、それ自体、誠実なことだとは、とうてい、いうことはできない。

しかしながら、冷静に考えてみれば、これが国家というものであり、悪い意味で、「ほんとう」の政治家なのであろう。

こうした政治家が日本にも必要だとは思わない。

ところで、戦後、鈴木貫太郎元首相は、「1億総懺悔」といった。

それは、ヤスパースのいう「道徳上の罪」と「形而上学的な罪」を償おうというものではなく、国民がふがいなくて、頑張りが足りなくて、戦争に負けたことを、天皇陛下に謝罪するというものであったようである。

戦後の日本には、ブラントやヴァイツゼッカーのような政治家は、皆無である。

戦後のドイツは、こうした政治家のおかげもあって、地理的な意味でのヨーロッパのなかのドイツではなく、ほんとうの意味での「ヨーロッパのドイツ」になることに成功したといえるのであろう。

もちろん、東ドイツ「社会主義」国が隣にひかえていたので、対抗上、高賃金・高福祉・長期有給休暇などを実現しなければならなかったという事情があったものの、もしも、ヨーロッパの統合に参加できず、排除されたとすれば、その実現は不可能であった。

というよりも、経済成長すら不可能であった。

ヨーロッパの統合が地理的に拡大し、市場統合や通貨統合などと深化していくなかで、ドイツは、あくまでも国民に相対的にではあるが高賃金・高福祉・長期有給休暇などを提供することができた。

資産バブルの形成と崩壊

日本は、高度経済成長終了後、ドイツのようにアジア共同体に参加することはできなかった。もちろん、当時は、アジア共同体の構築など、まったくの幻想、というよりも非現実的なことであった。

日本は、アメリカやヨーロッパにマーケットを求めることで、経済を引き続き成長させる政策をとったが、円高が進むとともに、企業収益が圧迫され、賃上げや労働条件の改善や福祉の充実などはできなかった。

ましてや、ドイツのように、労働者・従業員に6週間（法的には4週間）の長期有給休暇を付与することなど論外であった。

なんとしても経済を成長させなければ、日本的経営である終身雇用制・年功序列賃金などを維持することができなくなってしまう。しかも、1980年代中葉にアメリカが円高是正を要求してくると、内需を拡大せざるをえなくなった。

ところが、高賃金・高福祉・長期有給休暇などの付与などできるはずもないので、内需拡大策がとられると、大量の資金が不動産や株式などの資産に流れ込み、資産バブルを招来することになってしまった。

しかも、銀行が不動産投機や株式投機に膨大な資金を融資したこともあって、地価と株価が暴騰した。

1990年代にはいるとともに、さしもの資産バブルも崩壊し、長期不況にみまわれた。それは、銀行が不動産融資の焦げ付きなど膨大な不良債権をかかえ、損失の穴埋めに汲々としたからである。

銀行が利益をあげても、不良債権の償却を優先しなければならなかったので、企業への新規融資などがほとんどおこなわれなくなった。

銀行は、不良債権化をおそれて融資に慎重になるばかりか、融資した資金を強制的に返却させる「貸し剥がし」までおこなった。

それは、国際業務をおこなう銀行は8%以上の自己資本比率が必要というBIS（国際決済銀行）規制があったからである。当時は、リスク資産である融資を回収して、リスクのない国債を購入すれば、自己資本比率を計算するさいに、分母が減少したからである。

財やサービスの反対側を動くマネーが供給されなくなれば、経済が低迷するのは、とうぜんのことである。

多くの企業といえば、資産バブル期に財テク（カネ儲け）にはしったので、膨大な損失をかかえた。社債などを発行して金融商品に投資したので、金融商品価格が下落しても、借金額は減らないからである。

もちろん、資産バブル期には景気も高揚したので、企業は、資金調達して設備投資をおこない、雇用も拡大したが、資産バブルが崩壊すると企業には、過剰債務・過剰設備・過剰雇用という三つの過剰が残された。

（2）貿易立国からの転落

企業の経営改善策

資産バブルが崩壊すると企業は、三つの過剰をなんとしても解消しなければ、倒産してしまう危機にみまわれた。

終身雇用制下の日本で、過剰雇用を解消することはかなりむずかしい。割増退職金などで人員削減をしようとすると、転職できる有能な社員がぬけて、かえって企業の体力が減退することも少なくなかった。

外国の金融機関は、高額の報酬を提示して、社員の引き抜きをはかったので、有能な社員が外資に流出していった。ただでさえ国際競争力のない日本の金融機関の競争力が、さらに低下していった。

過剰債務と過剰設備を解消するためには、利益をあげて償却せざるをえなかった。さいわいなことに、１９９０年代の中葉にいたるとアメリカで株式バブルの様相を呈したので、企業は、輸出を増やして利益をあげることができた。

こうした、過剰債務・過剰設備・過剰雇用の解消というのは、企業にとっては、きわめて合理的な行動である。

そもそも、企業というのは、利益をあげて、業務を拡大していかなければ、生き残ることはできない。ところが、利益がもっぱら債務の返済や設備の廃棄費用などにあてられるのであれば、さらにいいものを作るとか、あらたな業務を手掛けるとかできない。

資産バブル崩壊によって、銀行の機能が停止し、企業の研究・開発投資や設備投資がおこなわれなくなり、ますます不況が深刻化していった。

企業の海外進出

資産バブル崩壊不況は、銀行が１００兆円あまりともいわれた損失を償却しなければならないということ、企業が過剰債務・過剰設備・過剰雇用を解消しなければならないということで、深刻化するだけでなく長期化した。

企業は、不況が深刻化するなかで、利益を確保するためには、徹底的にコストの削減をおこなわなければならなかったが、日本国内で賃金を大幅に引き下げることなど不可能であった。そうであるとすれば、不採算企業がどんどん倒産する。それを回避するために、ほんらいであれば、企業は、より利益のあがるあらたな産業を必死で探し求める。こうして、時代遅れの衰退産業が消えて、IT産業など成長産業が興隆し、経済が成長していく。

だが、政府は大規模な公共投資をおこない、日本銀行は超低金利政策を続け、利益をあげなくても生き残れるような政策を採用したので、衰退産業が消えていくことはなかった。これが経済低迷の大きな要因のひとつであった。

そこで、企業は、コスト削減のために、低賃金を求めて大挙して海外に進出した（図表2参照）。とりわけ、改革開放が進む中国に殺到した。

おりしも、中国は、外資の導入によって、経済成長を促進しようとする政策をとっていた時期である。中国は、日本企業を利用して、世界に通用する製造業を育成しようとしたのである。

いくら中国で反日教育をおこなっていたとしても、日本が「憲法」９条と「独禁法」９条で

図表2　海外生産比率の推移

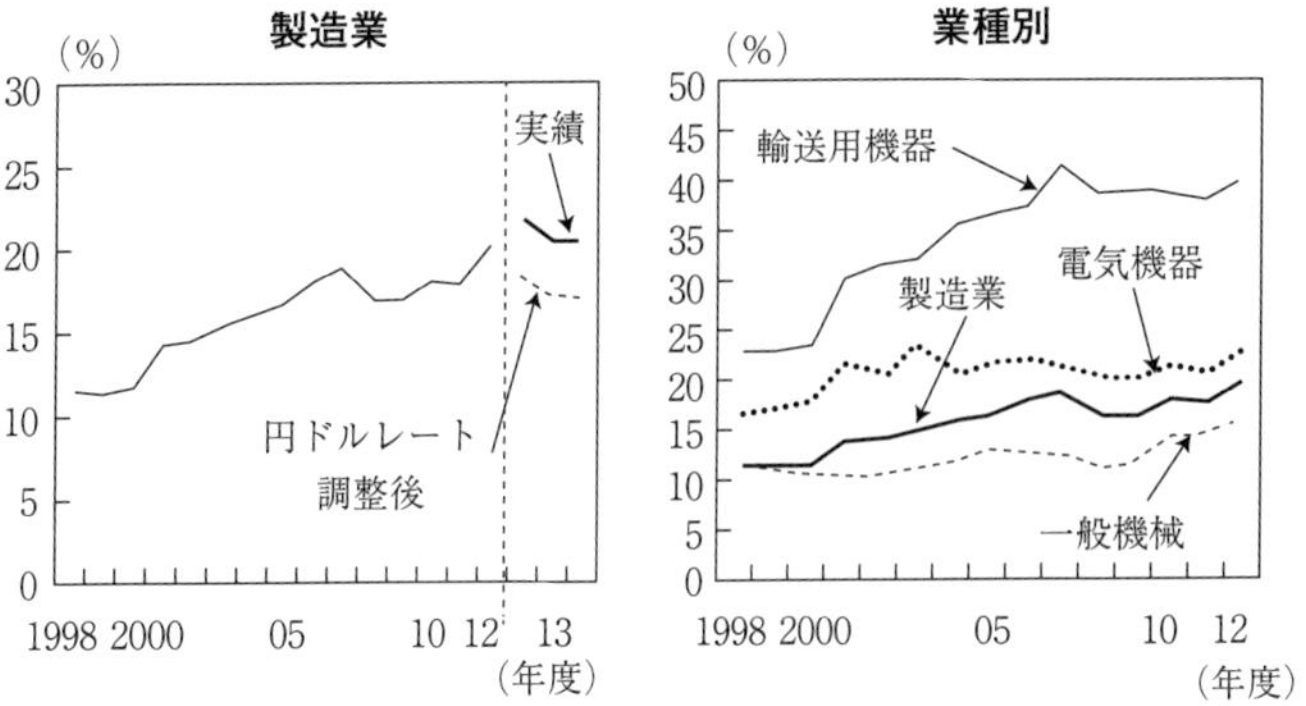

(注) 1. 経済産業省「海外事業活動基本調査」「海外現地法人四半期調査」、財務省「法人企業統計年報」、「法人企業統計季報」、IMF "International Financial Statics" により作成。
2. 海外生産比率は、現地法人売上高／(現地法人売上高＋国内法人売上高)×100として算出。電気機器は情報通信機械を含む。
3. 製造業の図のうち2013年度は4-6月期から10-12月期の四半期の値。「円ドルレート調整後」の値は、各期の期中平均レートをIMF "IFS" における2012年暦年の期中平均レート（79.79円）にして算出。
(出所) 内閣府「マンスリー・トピックス」No.030、平成26年4月17日。

戦争責任と戦後責任をとったこともあって、日本企業を中国に誘致することにさほど抵抗がなかったからかもしれない。

というよりも、中国が世界の工場となり、経済成長をするうえで、どうしても日本の製造業の技術が必要だったことによるものであろう。

日本企業は、中国のマーケットで売るためではなく、日本で売る製品の製造コストを大幅に引き下げるために進出したので、研究開発の必要はなかった。しかしながら、日本で売れるモノを作るためには、製品の質を高めなければならなかった。

中国でのモノ作りの質が高まったのは、日本のおかげであるといえよう。

こうして、たとえ、長期不況で販売量が減っても、製造コストが激減したので、存続可能な程度の利益を確保することができた。だが、皮肉なことに、これがまた、不況を長期化させる要因となったのである。

内需型の産業の温存

ドイツは、1990年の東西ドイツの統一にさいして、東ドイツ地域への膨大な財政支援がおこなわれた結果、財政赤字が膨れ上がった。

しかも、統一景気で資産バブルが発生し、統一後にバブルが崩壊した。

ところが、日本のように、公共投資で景気のテコ入れをおこなうようなことはあまりなかった。ましてや、公共投資によって、採算のとれない建設業を救済するようなこともない。

ドイツは、戦後、物価の安定を追求してきたので、健全財政を志向しており、財政赤字の削減に取り組んできた。そのため、建設業なども公共投資にたよることはできない。

企業が生き残りをはかるとすれば、積極的に国外のマーケットの開拓をおこなわざるをえなかったのである。

もちろん、島国の日本と地続きのドイツでは、同じレベルで議論することはできないことは、いうまでもないことであるが。

とはいえ、日本政府が膨大な公共投資によって、建設・土建業に仕事をあたえ続けなければ、日本の建設・土建業も積極的に海外進出をはかったことであろう。

日本の建設技術は、世界でもトップレベルである。しかし、いかんせん建設コストが高すぎるといわれている。もしも、生き残るとすれば、製造業のように積極的にコスト削減にはげんだはずである。

そうすると経営効率も高まり、日本の建設業の国際競争力も高まり、衰退産業から成長産業に生まれ変わったかもしれない。

日本で平成大不況が長期化したのは、市場経済原理が十分に機能しなかったことが、大きな要因のひとつになっていたといえよう。

国際競争力の低下

本来であれば、世界でだれも作れないもの、まったくあたらしいモノ作り、みんながほしがるモノ作りに、専念しなければならなかった。

ドイツでは、ベンツやＢＭＷのように、日本を含むアジア諸国との価格競争に巻き込まれ

図表3　ドイツの主要輸出品の世界輸出に占めるシェア（2011年）

順位	項目	輸出額（10億ドル）	シェア（%）	世界輸出に占めるシェア		
				1995	2000	2011
1	一般機械（HS84）	256	17.3	14.5	11.3	12.7
2	自動車（HS87）	245	16.6	17.3	16.3	19.7
3	電気機械（HS85）	148	10.0	9.0	6.8	7.5
4	医療用品（HS30）	68	4.6	14.8	12.7	15.1
5	精密機器（HS90）	65	4.4	14.2	10.7	13.0
6	プラスチック（HS39）	61	4.1	15.7	13.1	11.9
7	航空機（HS88）	37	2.5	11.3	13.4	16.1
8	鉄鋼（HS72）	35	2.4	12.5	9.6	7.8
9	鉄鋼製品（HS73）	33	2.2	14.5	11.7	11.8
10	鉱物性燃料（HS27）	33	2.2	2.0	1.3	1.6
—	総輸出額	1,482	100.0	11.2	9.0	8.7

（注）HS2桁分類で2011年の輸出額上位10品目（輸出の66.3%）を掲載。
（出所）「通商白書　2013」。

ず、富裕層に大きな需要がある高付加価値商品にシフトしてきている。

図表3にみられるように、ドイツの主要輸出品の世界輸出に占めるシェアは、1995年から2011年にかけて、自動車、医療用品、航空機などで高まっている。

アメリカでは、スマートフォンのようなみんながほしがるものを開発し、アジア諸国に作らせて、世界中で販売している。モノ作りをしないアメリカが獲得するのは、膨大な利益だけである。

図表4にみられるように、アメリカでも主要輸出品の世界輸出に占めるシェアは、1995年から201

図表４　アメリカの主要輸出品の世界輸出に占めるシェア（2011年）

順位	項目	輸出額（10億ドル）	シェア（％）	世界輸出に占めるシェア		
				1995	2000	2011
1	一般機械（HS84）	206	13.9	16.2	17.9	10.3
2	電気機械（HS85）	158	10.7	14.5	15.7	8.0
3	鉱物性燃料（HS27）	129	8.8	4.2	2.2	6.2
4	自 動 車（HS87）	120	8.1	12.0	11.2	9.6
5	航 空 機（HS88）	88	5.9	36.9	37.1	37.8
6	精密機器（HS90）	79	5.3	20.5	23.7	15.8
7	貴石、貴金属（HS71）	72	4.9	12.2	13.5	13.4
8	プラスチック（HS39）	59	4.0	12.4	15.2	11.6
9	有機化学品（HS29）	46	3.1	14.8	14.1	11.5
10	医療用品（HS30）	39	2.6	8.2	11.4	8.6
—	総輸出額	1,480	100.0	12.4	12.7	9.1

（注）HS2桁分類で2011年の輸出額上位10品目（輸出の67.2％）を掲載。
（出所）同。

1年にかけて、医療用品、航空機などで高まっている。

ドイツで国外市場を切り開いてきた建設業、付加価値の高い産業の奮闘のおかげで、独ＩＦＯ研究所によれば、２０００年から10年であらたに３６０万人の雇用が創出されたという。

そのおかげで、個人消費が拡大し、景気が下支えされてきた。

日本でドイツのようなことがおこなわれていれば、賃上げなどによって、デフレと長期不況にみまわれなかったかもしれない。

ところが、日本の輸出産業の花形であった自動車と電機は、中国や韓

図表5　日本の主要輸出品の世界輸出に占めるシェア（2011年）

順位	項目	輸出額(10億ドル)	シェア(%)	世界輸出に占めるシェア		
				1995	2000	2011
1	一般機械(HS84)	171	21.9	15.2	11.5	8.5
2	自 動 車(HS87)	148	18.9	18.0	16.1	11.9
3	電気機械(HS85)	129	16.5	17.2	12.8	6.5
4	精密機械(HS90)	46	5.8	19.4	17.7	9.1
5	鉄　　鋼(HS72)	42	5.4	11.8	10.7	9.4
6	プラスチック(HS39)	30	3.9	6.3	6.0	6.0
7	有機化学品(HS29)	25	3.1	10.1	8.0	6.2
8	貴石、貴金属(HS71)	17	2.2	1.4	1.7	3.2
9	鉱物性燃料(HS27)	16	2.1	1.0	0.3	0.8
10	ゴ　　ム(HS40)	15	1.9	11.8	11.1	6.8
—	総輸出額	784	100.0	9.5	7.8	4.9

（注）1. HS2桁分類で2011年の輸出額上位10品目（輸出の81.7%）を掲載。
　　　2. 船舶（HS89）は輸出に便宜置籍船を含むために除外した。
（出所）同。

国とはげしく競争してきた。科学・技術の発展のおかげもあって、自動車や電気製品の高い質というのは日本の独壇場ではなくなった。

図表5にみられるように、日本の主要輸出品の世界輸出に占めるシェアは、1995年から2011年にかけて、自動車、電気機械、精密機械、一般機械などで軒並み低下してきている。

製品の質が日本と中韓とがさほど変わらないとすれば、価格の低い中国や韓国の製品が売れるのは、とうぜんのことである。

三年連続の貿易収支赤字

不況下で多くの輸出企業が大挙して海外に進出した。不況で日本では売れないので、日本で生産して、海外に大量に輸出しても、結局は、貿易黒字が膨れ上がって円高が高進してしまうことになる。

日本では売れないのに、円高で大損するというのであれば、海外への生産に踏み切るのはあたりまえのことである。

日本の経済成長のために、国内で頑張って輸出を増やすなどという企業経営者は、意図的に会社に損害をあたえたとして、株主代表訴訟にあうことになるかもしれない。

利潤追求をしなければ倒産してしまう企業にとって、国境というのは、まったく存在しないのである。

最大限の利益を獲得できるのであれば、世界中のどこにでも出かけていくのが資本だからである。政府がそれを阻止するのであれば、法規制を強化するしかないが、そうしたらほとんどの企業は、日本から出ていってしまう。

１９９０年代以降、輸出大企業が下請け中小企業の一部も引き連れてのきなみ海外に出ていったので、ほんらい、日本から輸出されるぶんがなくなってしまった。とうぜんのごとく輸出が減少してきた。

図表6　貿易額、貿易収支の推移

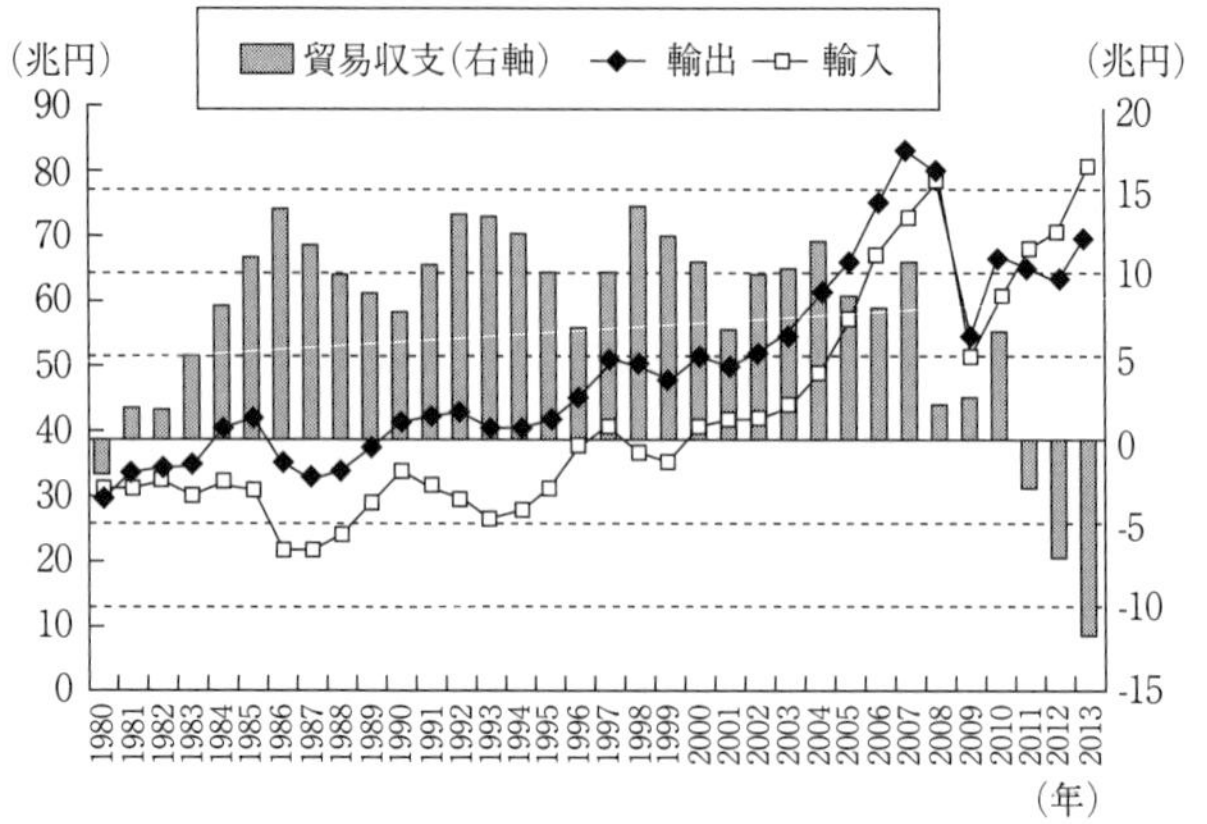

（資料）財務省「貿易統計」から作成。
（出所）「通商白書　2014」。

　だが、それだけであれば、それほど心配することはないかもしれない。

　きわめて深刻なことは、高い国際競争力を保持し、日本の花形輸出産業であった自動車産業や電機産業などの凋落が、図表５で示したように、とりわけ２０００年代に入ってから顕著になってきたことである。

　それは、世界的なＩＴ（情報技術）革命の進行により、とりわけ自動車産業や電気機械産業では、いわゆるモジュール化が進み、部品を調達して組み立てることで質の高い製品を生産することができるようになったからであるといわれている。

　こうした経済的事情によって、２０１

１年から貿易収支は赤字となっている（図表6参照）。ただし、日本企業の海外進出によって、海外からの配当や利払いが増え、（第一次）所得収支が増大している。２００５年に貿易黒字額と所得収支額が逆転している。

東日本大震災で原子力発電が減り、石油や天然ガスの輸入が激増したから、貿易赤字となったといわれている。もちろん、輸入が増加しているのは事実であるが、問題は、それ以上に輸出が減少基調にあることである。

ということは、高度経済成長終了後、日本が輸出の拡大によって経済成長をしてきたが、それがもはやできなくなったということである。この赤字基調は、日本経済の構造変化によるものなので、このままでは黒字基調に逆転することはないであろう。

そうであるとすれば、これからも経済成長ができなくなり、国民経済の規模が縮小していくということになる。

したがって、もしも、いままで程度の生活水準を維持しようとすれば、ドイツのようにアジアの経済統合を積極的に推進し、参加していかなければならないであろう。

しかし、残念ながら、そのハードルは、２０１２年に続く14年師走総選挙での自民党圧勝でますます高くなりつつある。

2　日本国憲法違反の事例

（1）ドイツの基本法

「基本法」の改正

ドイツの「基本法」は、1990年10月の東西ドイツ統一までに35回、2012年7月までじつに59回改正されている。改正が、かんたんだからなのかといえばそうでもない。

「基本法」改正には、「連邦議会議員の三分の二及び連邦参議院の投票数換算で三分の二の同意を必要とする」とされているからである。日本と違って、国民投票が必要という規定はない。ヒトラーが、国民投票を人気取りに悪用したという経緯からである。

連邦議会議員は総選挙で選出される。しかし、連邦参議院は、ラント（州）政府によって任免され、住民数によって、最低3票、最大6票とされている。

もちろん、この改正規定は、「日本国憲法」の要件とくらべて、それほどきびしいものではない。アメリカでも上下両院の三分の二以上によるとされている。

日本のばあい、国民投票による過半数の賛成が必要とされている点が異なっている。

もしも、日本で、衆参両院で三分の二以上の発議で「憲法」改正が国民投票に付されるばあい、総選挙のときに一緒におこなわれる最高裁判所判事の国民審査のようにおこなわれたとしたら、おそらく信認されるであろう。

最高裁判事の国民審査では、ほとんどのひとはバツなどつけないからである。というよりも、最高裁判事がどういう判決をくだしたか、ほとんどの国民は知らないので、判断のしようがないからである。

「憲法」96条を改正して、国会による「憲法」改正の発議の要件を過半数にするというのは、「憲法」は、ときの権力を縛るものである、という立憲主義の立場からして、きわめておかしなことだということになる。

というのは、それは、最高法規と一般の法律を同レベルにおくというもので、世界のスタンダードからするとおかしいだけでなく、権力を縛るはずの「憲法」が、そのときの権力の都合のいいようにいつでも変えられる、ということになるからである。

ドイツは、同じ敗戦国なので、あまり「基本法」の改正はしないほうがいいという考え方もあろう。

ところが、ドイツでは、「基本法」を改正しなければならない固有の事情があった。

「基本法」が東西ドイツに分割された（旧）西ドイツの「暫定憲法」だったので、その後、現実の事態に対応しなければならなくなったからである。

さらに、連邦制をとっているので、外交や財政や経済政策などの面で、連邦の権限を強化しようとすれば、ラントとの権限に関する「基本法」上の規定を変えなければならないからである。

さらに、冷戦下の東西の緊張の高まりで、東西ドイツも対応をせまられたこと、東西ドイツの統一、ＥＵの設立、通貨統合による通貨主権の移譲、財政規律の遵守などなど、に対して、「基本法」を改正しなければならないさまざまな事態が出てきた。

ただし、１９９８年の第17回改正で、非常事態法制の大幅な増補が反対を押し切っておこなわれたのは、大きな問題であろう。

大きな反対があったため、防衛出動事態については、第１１５ａ条から１条までと、政府による安易な防衛出動ができないよう詳細に規定されるようになった。

基本法９条

「ボン基本法」はたびたび改正されているが、結社の自由を定めた第９条は改正されていない。同条は、つぎのようなものである。

①すべてのドイツ人は、結社及び団体を結成する権利を有する。

②その目的若しくは活動が刑事法規に違反し、又は、合憲的秩序若しくは国際協調主義に

反する団体等は、禁止される。

第21条はつぎのようなものである。

①……政党の結成は、自由である。……

②政党のうちで、その目的又はドイツ連邦共和国の存立を危うくすることをめざしているものは、違憲である。その違憲性の疑いについては、連邦憲法裁判所がこれを決定する。

この条項にもとづいて、戦後、ネオナチだけでなく、共産党に対して、ドイツ憲法裁判所は「基本法」違反の政党だとして解散命令を出した。

自由や民主主義に対する挑戦、憲法の敵に自由をあたえないという趣旨からであろう。

ネオナチは、自由や民主主義を否定する政党であり、人道に対する罪を犯したナチス・ドイツの主張を支持し、暴力的行為に訴えることも辞さない団体なので、禁止されるのはとうぜんのことである。

これは、ナチスのような政党の復活を許さないという戦争責任・戦後責任を憲法上で示したものなのであろう。

しかしながら、共産党まで禁止するというのは、それこそ自由と民主主義を完全に否定するものである。これが「基本法（憲法）」9条というのも、まことに皮肉なことだといわざるをえない。

5％阻止条項

もうひとつの戦争責任・戦後責任をはたすものが、いわゆる「5％阻止条項」といわれるものである。

これは、選挙区内の有効投票数の5％未満の政党は議席をもてないというものであり、1953年の「選挙法」で定められた。この条項について、連邦憲法裁判所は、1957年1月23日の判決で、立法府の裁量の範囲であるとして合憲の判断をくだした。

しかしながら、「5％阻止条項」は、あきらかに「憲法」違反であると考えられる。日本では、選挙区によって、一票の格差が大きい場合ですら、多くの違憲判決が出されているからである。

ドイツでは、「基本法」21条1項の「政党は、国民の政治的意思形成に協力する」との条項にもとづいて、小選挙区・比例代表制が採用されている。

小選挙区制であれば、相対多数の得票をえた候補者が当選する。ところが、比例代表制では、5％以上の得票を獲得しなければ、議席をいっさいあたえられないと法律で定められている。

これは、「①すべての人間は、法律の前に平等である」という「基本法」3条に違反するものであると考えられる。これを立法府の裁量問題だとして、合憲にするというのもおかしなものである。

しかし、連邦憲法裁判所の判断であればしかたがないということになるのであろう。

それでも、ドイツで大問題にならないのは、第一次世界大戦後にドイツでナチスが台頭してきたことに対する反省からなのであろう。戦争責任・戦後責任ということなのかもしれない。ドイツで国民投票がおこなわれないのも、そのためなのかもしれない。

(2) インフレ目標は「憲法」違反

預貯金金利ゼロと低い長期金利

2013年4月に決定された日本銀行による「大胆な金融緩和（異次元緩和）」の大きな矛盾のひとつは、インフレが高進しても、預貯金金利がゼロ近辺に張り付いたままで、長期金利が1％にも上昇しないことである。

異次元緩和というのは、いずれ消費者物価が上昇するであろうという期待インフレ率を引き上げるために、マネタリーベースを過去にない規模にまで膨れ上がらせるというものである。日銀が銀行の保有する国債などを購入すると、当該銀行が日銀に保有している当座預金勘定に振り込まれる。これと流通している日銀券と現金（コイン）を合計したものがマネタリーベースである。

銀行が増えた当座預金を取り崩して、貸し出しなどにまわすと、企業活動が活発化して、景気が高揚する。

他方、日銀は、銀行間市場でもっとも期間の短い無担保コール翌日物金利（政策金利）をゼロ近辺におさえておく。この金利だけは、中央銀行がコントロールできる。

日銀が「大胆な金融緩和」を実行すると円安傾向が続く。そうすると、どうしても輸入物価が上昇するのでインフレが進んでしまう。

しかも、消費税の増税をおこなったので消費者物価がさらに上昇する。消費者物価上昇率が想定を超えるのであれば、日銀は引き締めに転換しなければならない。

というのは、日銀が、政策金利を2％あたりまで引き上げる引き締めをおこなって、消費者物価上昇率をせめて2％あたりまで引き下げないと、預金者の預金が目減りしてしまう、すなわち損をしてしまうからである。

ところが、消費税率が５％から８％に引き上げられた２０１４年４月には、消費者物価が３・３％まで上昇したのに、日銀は、なんら対応しなかった。

これでは、「財産権は、これを侵してはならない」という「憲法」29条違反になりかねない。

もちろん、それを回避すべく、日銀が引き締めをおこなうと景気は失速するだけでなく、円高が進んで、輸出企業の収益が激減し、株価が下落してしまう。

逆に、異次元の金融緩和をしたはずなのに、物価がなかなか上がらないとなると、安倍政権を支援すべく、２０１４年10月に日銀は追加緩和をおこなった。

消費者物価が上昇すれば、投資家は、１％以下の金利の国債では損をしてしまうで、とうぜんのごとく、国債を売って、高金利商品に乗り換える。そうすると、国債価格が下落して、長期金利が上昇する。

その結果、企業の発行する社債の金利や住宅ローン金利が上昇し、景気は低迷する。

したがって、国債利回り（長期金利）を低いままに据え置くためには、売りあびせにあった国債を日銀がひたすら買い続けるしかない。そうすれば、副作用はすさまじいものであるが、とりあえず長期金利を１％以下におさえることができる。

狙い撃ちされる賃金・年金・福祉

日本銀行は、2%のインフレ目標達成のために「異次元緩和」と「追加緩和」をおこなっているが、その実現はかなりむずかしいことである。

とはいえ、消費税率が引き上げられたことで消費者物価はそのぶんは上昇する。2014年4月に消費税率がそれまでの5%から8%に引き上げられたので、4月の消費者物価上昇率が3・3%となった。

もちろん、日銀のインフレ目標には、消費税率引き上げ分推計の2%ははいっていないので、「異次元緩和」による上昇率は、1・3%ということになる。

従来、デフレというのは、物価が低下することなので、だれもすぐにはモノを買わないし、企業も設備投資をしないし、原材料を早めに仕入れることもないので、景気が低迷する。

しかしながら、インフレ期待が高まれば、消費や投資や在庫投資が早めにおこなわれるので景気が高揚するといわれた。

もしも、それが「経済法則」だとすれば、どのような要因によるものであるにせよ、消費者物価上昇率が2%以上に上昇すれば、景気は高揚するはずである。

有効な成長戦略の構築がむずかしい現代経済では、賃金や年金が増え、労働条件が向上し、預金金利が上昇し、福祉が充実しないかぎり、経済が持続的に成長することはないであろう。

したがって、経済・賃金格差を縮小し、個人消費を拡大することが不可欠なのである。

それにもかかわらず、安倍政権は、真逆の政策をとっている。

円安で輸出企業に儲けさせ、株価を引き上げて、高額所得者の消費が拡大しているだけである。企業には、法人税減税をおこなうという。庶民を犠牲にした、大企業優先政策である。

企業業績のよい大企業は、ボーナスを増やしている。ただ、そんなことは、前民主党政権下でもおこなわれていたことである。

安倍政権は、わざわざ財界首脳に対して賃上げの要請をした。首相に要請されて上げるくらいなら、とっくに上げているはずである。政権よりの「ゴマすり経営者」は、スズメの涙ほどの賃上げなのに、宣伝のためか、わざわざ記者発表する。

業績がいいので前からボーナスを増やしていたのに、である。

賃金上げとはいっても毎月支払われる基本給は、消費者物価上昇率ほどには、上がっていない。そもそも、安倍政権の麻生副総理が、「おれが社長だったら賃上げしない」と言い放つしまつである。

年金支給額もデフレのときに引き下げなかったからと、インフレになりつつあるのに、逆に減額支給を実行している。

そもそも消費増税は、社会保障と税の一体改革だったはずなのに、社会保障改革というのは、完全に放置されている。議員定数の削減にも知らんぷりである。しかも、生活保護の支給条件の厳格化という形での減額や社会福祉の切り下げがおこなわれている。

これでは、安倍政権のいう「強い経済」など構築できるはずもない。

国土強靭化の公共投資で財政破綻

日本銀行が、2%あまりのインフレに誘導するというのに、預金金利がほぼゼロ、賃金引き上げはスズメの涙ほど、年金減額や福祉の切り下げなどをおこなえば、景気が低迷していくのはあきらかである。

日本のGDPの約6割を占めるのが個人消費だからである。株高を演出し、金持ちに儲けさせても庶民ほどは消費しない。金持ちの1万円と庶民の1万円は「価値」がまったく違うからである。

株価が下落し、景気が低迷すると、安倍政権の支持率は急降下する。円安・株高だけで支持率を維持してきたからである。それでは、2020年の東京オリンピック開催までの長期政権など「夢のまた夢」になってしまう。

そこで自民党のオハコである公共投資の出番である。これは、「第二の矢」にかかげているので、堂々とおこなうことができる。そこで、2014年4月の消費税増税時に景気落ち込み対策として5兆円の公共投資がおこなわれた。

安倍政権発足時、公共投資で「強い経済」というのでは、あまりにも露骨なので、関西のある大学教員が提唱した「国土強靭化政策」なるものに飛び付いた。

運よく、2020年に東京オリンピックの開催が決定した。運も実力のうちというが、そうかもしれない。

これで、これから景気が失速したら、大手をふって公共投資による景気テコ入れ策を実行できる。これに反対する者は、人命を守るための国土強靭化とオリンピック開催に反対する「非国民」の烙印がおされることだろう。

国土強靭化のためには、10年間で200兆円必要であるといわれた。民間と折半なので、政府の出す資金は100兆円程度であるが、オリンピックのために、世界に誇れる日本の都市作りと称して100兆円あまりも投入されることであろう。

10年間にわたり200兆円、年間20兆円の追加の公共投資がおこなわれれば、それだけで、単純計算で年4%の名目経済成長が可能である。ただし、2%程度の消費者物価上昇率だと実質は2%くらいになるだろうが。

ここで大問題となるのは、政府が、はたしてこれから毎年20兆円もの資金調達ができるかということである。

一般会計において、50兆円（株高演出で一時的に実現）あまりの歳入で95兆円の歳出であれば、これからも、新発国債の発行は40兆円を下回ることはないだろう。

これに国債発行による借金があらたに毎年20兆円、10年間プラスされることになってしまう。

もし、年60兆円もの新発国債が発行されると、あと数年で国内での消化ができなくなる可能性が高い。個人金融純資産が残り200兆円くらいしかないからであって、5年はもたないかもしれない。

そうすると、ギリシャのように、国債の消化（売却）ができなくなってしまう。国債を買ってもらうために、国債価格を引き下げなければならない。国債価格の暴落である。

財政破綻回避にフル出動する日銀

国債価格が下落すると、国債利回り（長期金利）は上昇する。国債利回りというのは、発行時の固定金利（クーポンレート）を時どきの売買価格で除して計算される。

こうして、国債利回り（長期金利）が2%、3%、4%、5%と跳ね上がっていくことになってしまう。

そのため、国債をあらたに発行するさいには、購入してもらうために、金利（クーポンレート）を引き上げなければならない。

もしも、長期金利が5％に上昇すると国債発行残高800兆円あまりの利払い費が20兆円くらいは増加するであろう。ただ、40兆円でないのは、発行された国債は、償還（元本の払い戻し）期間がまちまちで、徐々に長期金利が上昇していくからである。

歳入が50兆円あまりなのに、歳出が115兆円に膨れ上がる。いくらでも国債が日本国内で消化されるというのはまさに幻想で、おっつけ国債発行がむずかしくなり、ついにギリシャ化してしまう。

銀行も破綻する。銀行は、長期不況のなかで有効な運用先として、もっぱら安全な日本国債に投資してきたからである。長期金利が上昇するということは、国債価格が下落するということなので、銀行は、保有国債で数十兆円という膨大な損失をこうむる。

銀行がバタバタ倒産する。まさに「銀行恐慌」の勃発である。

したがって、800兆円あまりも発行されている日本国債というのは、けっして安全な金融資産ではないのである。

かかる事態は、まぎれもなく「財政・金融恐慌」の爆発にほかならない。1929年世界恐慌以来、恐慌の爆発を抑え込んできた国家の機能が停止してしまう。

そこで、前面に登場せざるをえなくなったのが、唯一、マネーをあらたに作り出すことができる中央銀行にほかならない。

もちろん、銀行もマネーを創造することができる。だが、信用創造といわれる機能が発揮できる前提となっているのは、あくまでも銀行が受け入れた預金である。信用創造というのは、せいぜい預かった預金の最大限で十倍（あくまで理論上）の貸し付けができるだけである。

中央銀行のように、「無限」にマネーを供給することはできない。もちろん、「無限」に発行することは不可能であるとはいうものの、ここに中央銀行と銀行の決定的な違いがある。

中央銀行は、財政危機であらたな借金ができなくなった政府に、国債を購入して資金を供給せざるをえなくなる。中央銀行による最後の「貸し手機能」の「悪用」にほかならない。しかしながら、そうしないと、経済が崩壊してしまう。

日銀はもっぱら最後の「国債購入機能」をはたし、なんとしても長期金利を1％以下におさえなければならない。これが、中央銀行による財政ファイナンスといわれるものであって、中銀が低金利資金を無制限に政府に提供するしかなくなってしまう。

政府は、ろうせずして公共投資による景気高揚をはかることができる。

その必然的帰結は、インフレの高進である。

一方、日本銀行は、政策金利をゼロ近辺（実質ゼロ金利）におさえるべく、ますます短期証券などの買い取りを銀行からおこなうので、銀行やゆうちょ銀行は、預貯金金利を引き上げる必要がない。0・02〜05％程度の超低金利で預貯金をあつめることができる。

生活防衛をせまられる庶民

インフレが高進するのに、預貯金金利が上昇しなければ、預貯金者は目減りによって損失をこうむる。たとえば、4％のインフレで100円のモノが1年後に104円に値上がりする。

ところが、政策金利の実質ゼロ金利というのは「異次元緩和」の大前提なので、この緩和を継続すれば、預貯金金利は定期預金でも引き続き0・05％くらいである。上昇したとしても、せいぜい0・1％であろう。

100円が1年後に100・1円、たった10銭増えるだけである。

こうして、インフレが高進し、預貯金金利がさほど上がらなければ、100円あたり1年間で3円90銭の損失となる。

これがいわゆる金融抑圧といわれるものであり、この差額は、預金者から借金している方に献上される。しかも、多くの借金をしているのは、政府と企業である。

インフレが高進すれば、結局は、庶民の預貯金が消えてしまう。政府と企業の借金はといえば、なにもしなくても消えていく。政府と企業からすれば、さしずめ、「日銀様々」ということになるだろう。

庶民は、預貯金で損させられるだけでなく、賃金は消費者物価上昇率以上には上がらない、年金は減らされる、福祉が引き下げられる。生活はますます苦しくなっていく。

とはいえ、消費者物価上昇率が２％くらいであれば、まだ、生活を切り詰めればいいのかもしれない。事実、消費税率の８％への引き上げ以降、消費が冷え込んでいる。だが、生活は、まだ完全には破壊されない。

問題は、銀行などの国債の投資家が、価格の低下した国債を大量に売却すると、もっぱら日銀が買い手にならざるをえないということである。日銀が大量のマネーをマーケットに投入すれば、インフレがさらに高進する。

そうすれば、まさに日本経済ばかりか、庶民の生活が完全に崩壊してしまう。

預貯金や年金はほとんどゼロになる。福祉予算も激減し、福祉も切り捨てられる。

したがって、庶民は、資産防衛をせまられる。

インフレに対抗するには、資金を外国に移転しなければならない。欧米でインフレがおこらなければ、ドルやユーロに資金を逃避させることで資産価値を維持できる。円安になるからである。

あるいは、インフレに強いといわれる金や土地に資金を移動させなければならない。

ここで、きわめて深刻な問題は、資産をあまりもたない庶民は、生活できなくなってしまうことである。

健全財政の実現は不可能

平成大不況のなかで、景気の落ち込みをなんとしても阻止しようとして、すさまじい公共投資がおこなわれ続けてきた。

毎年すさまじい規模の国債が発行されたが、日本銀行が大量に買うわけでもないのに、マーケットで順調に消化された。それは、不況で貸出先のない銀行などが、もっぱら国債投資をおこなってきたからである。

本来であれば、国と地方の借金総額である政府債務残高が、２０００年前後の５００兆円くらいのときに、健全財政に取り組まなければならなかった。国内総生産（ＧＤＰ）比で１００％くらいのときのことである。

欧米諸国では、このレベルにいたると国債が消化できにくくなっている。返済に黄信号がともるからである。そうすると、政府は、緊縮財政に取り組まざるをえなくなる。

ところが、日本では、銀行や保険会社などがいくらでも、国債を購入してくれたので、政府は、安心して膨大な国債を発行し続けた。さしずめ、金融機関による「財政ファイナンス」というところである。

図表 7　債務残高の国際比較（対 GDP 比）

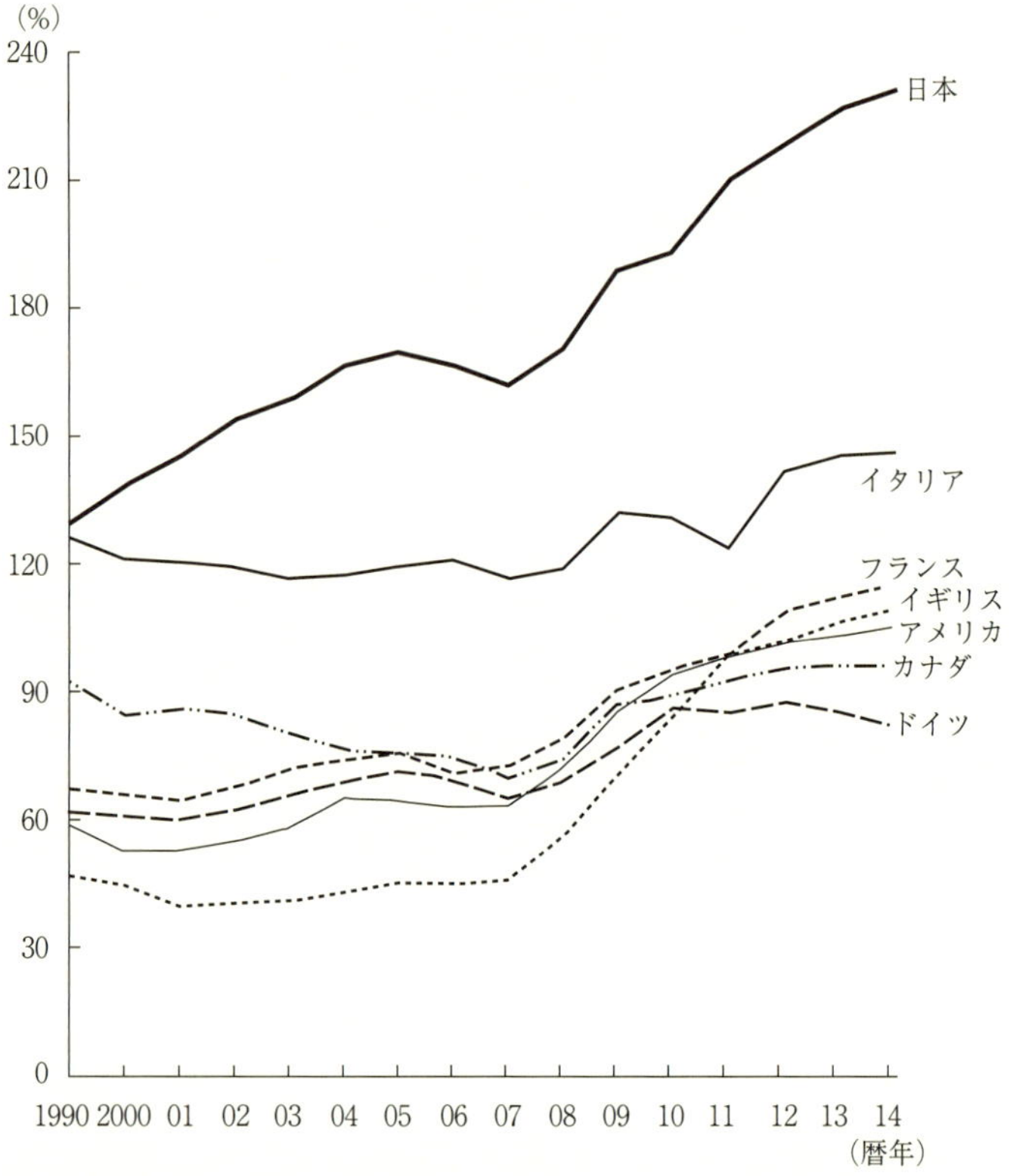

（出所）財務省。

財政赤字が膨れ上がるのにもかかわらず、銀行や保険会社が買い続けているので、国債価格は高いままである。国債価格が高いと長期金利は、1％前後と信じられないくらいの低さであった。

とうとう、政府債務残高は、1000兆円以上、なんとGDP比で230％あまりというと いう、先進国でも最悪の事態にいたっている（図表7参照）。

天文学的政府債務を財政黒字で返却するのは、もはや絶対不可能である。

税収が50兆円だからと、歳出を95兆円から50兆円に減らせば、景気の後退どころか、「恐慌」が勃発してしまうからである。

消費税率をあと15％引き上げれば、そのことによる消費の落ち込みが軽微だとして、30兆円の増収になる。歳出を15兆円くらい減らせば、財政赤字がなくなる。だが、1000兆円は減らない。

どうころんでも、財政再建には、最低でも100年はかかるだろう。だから、金融抑圧によって、政府債務残高をチャラにするしか道は残されていないのである。

財産権の侵害

ドイツ政府は、EUの「財政規律条約」締結にとりかかるにあたって、財政規律を堅持するという立場からドイツの「基本法」を改正し、第109条3項に、「連邦及びラントの予算は、原則として信用調達からの収入によることなく、収支を均衡させなければならない」という条項をあらたに追加した。

それは、第88条で「連邦は、通貨・発券銀行を連邦銀行として設置する。その任務及び権限は、欧州連合の枠内で、独立した欧州中央銀行に委譲され、欧州中央銀行は価格安定の確保という優先的な目的によって拘束される」と規定されているからでもあろう。

「日本国憲法」には、もともとこのような規定はないし、改正がおこなわれてこなかったので、健全財政や中央銀行に物価の安定が義務付けられてはいない。

安倍政権は、財政赤字が増えすぎたので、2014年4月に消費税率を引き上げたはずである。しかし、景気回復のためと称して、大規模な公共投資をおこなうばかりで、財政赤字を抜本的に減らそうとしていない。

財政赤字が膨れ上がれば、インフレが高進し、庶民の預貯金が減価する。これは、政府の政策の失敗によるものであって、「憲法」29条にいう「財産権は、これを侵してはならない」という条項の違反であろう。

さらに深刻な財産権の侵害は、日本銀行の金融政策によって預貯金や年金が目減りするばあいである。

物価の安定は、政府から独立した日本銀行が「日銀法」にもとづいて金融政策をおこなわなければ実現しない。インフレというのは、日銀券の大量発行によってしか高進しないからである。

ところが、安倍政権のもとで政府の意を受けた黒田総裁が異次元緩和ばかりか、追加緩和をおこなって、日銀券を大量に供給している。

賃金もさほど上がらず、預貯金金利がほとんどゼロで、年金も減額されているのに、もしも、日銀のせいで、消費者物価上昇率が２％あまりまで上がるとすれば、これこそ財産権の侵害で「憲法」違反であろう。

（3）格差拡大・福祉切り下げは「憲法」違反

小泉構造改革の蹉跌

戦後の日本では、財閥解体と農地解放により、いわゆる資本家も大地主もいなくなり、「一億中流社会」が登場した。

もちろん、「会社ぐるみ」のいじめなどによる形式的な「自主的退職」、クビ切りや賃金格差、貧困などがなくなったわけではないが、戦前の社長と平社員の賃金格差１１０倍あまりから、戦後には10倍くらいまで縮まっていった。

この戦前とくらべるといちじるしい「格差」の縮小は、社長だって社員上がりだし、現場の労働者もみんな「家族」だという幻想をいだかせるのに十分であった。

労働者もいいモノ作りのために協力させられた。

こうしたなかで、アメリカの最先端の重化学工業が日本に導入されることで、日本は、高度経済成長を実現することができた。

日本的経営といわれる終身雇用制、年功序列賃金などは、こうした「労使協調」によって、高度経済成長が達成されたことで可能となった。

日本的経営の三番目の企業別組合は、欧米と大いに異なるところであるが、会社が利益をあげなければ賃上げも、労働条件の改善もできないといわれて、労働者・従業員を会社の意向にしたがわせるのに役立った。

ところが、資産バブルが崩壊し、長期不況におちいると状況は一変してしまった。

すなわち、終身雇用制、年功序列賃金など悠長なことを続けたら、会社そのものが、倒産してしまうような深刻な事態にいたってしまったのである。

それでも、日本の法制下では、経営状態がよくないからといって、正社員である正規雇用者をアメリカのように、どんどんクビ切ることはできない。そこで、派遣労働、パート、アルバイトという非正規雇用が大量に採用されるようになった。

非正規雇用化がはげしくなったのは、2001年に成立し、いわゆる経済構造改革によって、経済成長を推進しようとした小泉政権（当時）のときであった。

小泉政権は、民営化の徹底、規制緩和・撤廃による企業の収益機会の拡大、大企業と高額所得者の減税、消費税率の引き上げを除く庶民への増税、製造業への派遣労働の認可をはじめ非正規雇用の拡大、などを強力に推し進めた。

その結果、経済・賃金格差が絶望的に広がっていった。

経済格差の拡大

「日本国憲法」は、第25条で国民の生存権、国の社会保障的義務について、つぎのように定めている。

①すべて国民は、健康的で文化的な最低限度の生活を営む権利を有する。

②国は、すべての生活部面について、社会福祉、社会保障及び公衆衛生の向上及び増進に努めなければならない。

この第25条にもとづいて生活保護制度が設けられている。

ところが、２０１３年度まで最低賃金制度のもとで働くひとの手取りが生活保護の給付水準を下回っていた。これでは、政府が「憲法」違反状態を放置していたということになるのであろう。

さすがに、政府は、２０１３年8月に13年度の最低賃金の引き上げ目安を全国平均で14円とすることを決めた。この引き上げで、生活保護との逆転現象は、北海道を除いて解消されることになった。

ただし、北海道は、依然として違憲状態にあるということになり、政府の責任がきびしく問われた。ただ、さすがに14年度には、違憲状態が解消された。

さらに、深刻な問題は、年収が２００万円以下のいわゆるワーキング・プアといわれるひとびとも数百万人いることである。

派遣・パート・アルバイトという非正規雇用者は、２０１３年11月で１９６４万人と過去最多になった。雇用者に占める比率は３７・２％であり、働くひとのじつに三人に一人以上が非正規雇用となっている。

安倍首相は、雇用者数が２０１３年1月から11月まで１０６万人も増えていると、雇用の確保を強調している。しかしながら、これは、パートやアルバイトが１１１万人増えたことによるものであり、逆に、正規雇用者は26万人減っている。

非正規雇用者は正規雇用者の、半分ないし三分の一以下の年収である。

こうして、日本において、経済格差はますます拡大している。安倍政権は、財政赤字が拡大するなかで、増税する一方で公共投資を増やしている。歳出を減らすということで、生活保護費の削減、医療費負担の増額をはじめ、福祉の切り下げをおこなっている。

これでは、「健康的で文化的な最低限度の生活を営む」ことはできないし、「社会福祉、社会保障及び公衆衛生の向上及び増進」に逆行し、「憲法」違反である。

国家は、日本国民が、「健康的で文化的な最高限度の生活を営む」ことのできるような政治をおこなわなければならない。これこそ、国家と国民の契約の、国家による誠実な履行にほかならないであろう。

小泉政権は、経済構造改革の名のもとに、経済・賃金格差を絶望的な水準まで拡大した。これは、「憲法」違反行為にほかならない。

だが、生活や企業経営に絶望して自殺者が激増したものの、経済構造改革そのもので命を落としたひとはいなかった。

ところが、安倍政権が、集団的自衛権を行使できるように、「憲法」の解釈改憲をおこなっている。実際に集団的自衛権が行使されるようになれば、若者などが命を国家によって奪われることになってしまう。

「憲法」違反の集団的自衛権の行使は、けっして認めてはならないのである。

3　解釈改憲による集団的自衛権行使

（1）憲法と集団的自衛権

集団的自衛権

「国連憲章」51条は、「この憲章のいかなる規定も、国際連合加盟国に対して武力攻撃が発生した場合には、安全保障理事会が国際の平和及び安全の維持に必要な措置をとるまでの間、個別的又は集団的自衛の固有の権利を害するものではない」と個別的自衛権と集団的自衛権の行使を認めている。

他国から武力攻撃を受けたときに、自分の国を守るために反撃するのが個別的自衛権である。

これは、自分の身を自分で守るというのが、人間に本来そなわった固有の権利、すなわち自然権だからである。これを国家にあてはめると個別的自衛権ということになる。

自国ではなく、同盟国など緊密な関係にある国が攻撃を受けた場合、一緒に戦うという権利が集団的自衛権であるが、この概念が登場したのは、第二次世界大戦後のことである。

戦後、米ソ冷戦下で、アメリカやソ連に攻められても、国連軍が出てくることはない。国連安全保障理事会で拒否権をもつ当事者の米ソが反対するからである。

そこで、中南米諸国が、友好国が外国から軍事攻撃を受けたばあい、軍事的にもお互いに助け合う必要性が出てきたという経緯からである。

集団的自衛権についての、従来の日本政府の解釈は、つぎのようなものである。

国際法上、国家は、集団的自衛権、すなわち、自国と密接な関係にある外国に対する武力攻撃を、自国が直接攻撃されていないにもかかわらず、実力をもって阻止する権利を有しているものとされる。わが国が、国際法上、このような集団的自衛権を有していることは、主権国家である以上、当然であるが、憲法第９条のもとにおいて許容される自衛権の行使は、わが国を防衛するため必要最小限度の範囲にとどまるべきものと解しており、集団的自衛権を行使することはその範囲を超えるものであって、憲法上許されないと考えている。

このように、政府の従来の解釈は、「日本国憲法」９条において、集団的自衛権を有しているが、行使できないというものである。

戦力と実力

世界の憲法は侵略戦争など認めてはいない。とうぜんのことである。「国連憲章」にあるように、認められているのは、個別的自衛権と集団的自衛権の行使である。

しかしながら、「日本国憲法」9条では、「戦争放棄」、「戦力の不保持」、「交戦権の否認」が規定されている。「戦争放棄」は、侵略戦争の放棄はもちろん、集団的自衛権の行使の放棄であると解釈されてきた。

政府は、自衛隊と自衛についてつぎのように解釈しているといわれている（伊藤真『憲法問題』ＰＨＰ新書、２０１３年）。

政府は、戦争を放棄しているものの、自衛権は有しており、自衛隊という「実力部隊」が自衛するのは「実力行使」だという見解である。

「憲法」で禁止された戦力ではなく、「実力」というのは、「自衛のために必要な最小限度の力」ということなのである。

「自衛のために必要な最小限度の力」というのは、

①わが国に急迫不正の侵害があること。

②侵害を排除するためにほかに適当な手段がないこと。

③必要最小限度の実力行使にとどまるべきこと。

この三つの要件を超えて実力行使をおこなうと、「武力行使」すなわち「戦力」の行使となる。

したがって、自衛隊は、攻撃用空母や長距離弾道ミサイルなどの軍備をもっていないのである。

このような「憲法」解釈からすれば、「国連憲章」42・43条に規定されている集団的安全保障にも参加することはできないということになる。

解釈改憲への地ならし

「憲法」9条でも、日本の自衛のために実力行使が認められている、という見解にもさまざまな批判や異論がある。自衛隊そのものが、「憲法」違反であるというのも有力な考え方である。

ところが、「実力部隊」である自衛隊が、日本を守るために「実力行使」をするというのではなく、同盟国などのために「実力行使」することはできない。

それは、もはや「実力行使」ではなく、国際紛争の解決の手段として「戦力」を行使することであって、「憲法違反」となってしまうからである。

したがって、集団的自衛権を行使したり、国連のもとで集団的安全保障に参加するのであれば、「憲法」9条を改正しなければならないのである。

それでも、内閣法制局長官に「集団的自衛権は行使できる」と国会で答弁させて、総理大臣が閣議決定をおこなって、「行使を宣言」し、現行「憲法」9条の解釈を変更しようとした。

しかも、一介の首相補佐官が、2014年1月のテレビ番組で、なんと9条の解釈変更について、「国会が終わってからでは敵前逃亡な感じがあるから、国会中にしっかりと決めたい」と発言した。

6月22日が会期末の通常国会で解釈改憲を断行すると宣言したのである。

安倍政権は、「特定秘密保護法」の強行採決にさいして、野党の一部を引っ張り込んで、単独で決めたのではないという詭弁を弄した。集団的自衛権の行使でも、野党の一部を取り込んで、国会の同意もえたというのかもしれない。

「憲法」解釈を変更（解釈改憲）して集団的自衛権の容認を裏付けるには「国家安全基本法」の制定が必要であるが、安倍首相はこの見送りをきめた。同法は、ナチス期の「全権委任法」と同じように、「憲法」をないがしろにするものとの批判を避けるためだろうか。

そんなことはないだろう。解釈改憲によって、自衛隊の行動などを定めた「自衛隊法」や有事のさいの「周辺事態法」など関連する個別法の改正をおこなうのが、手っ取り早いと考えたのかもしれない。

集団的自衛権の行使は、「憲法」違反なので、「自衛隊法」や「周辺事態法」などは「憲法」違反ということになるであろう。もしも、そうなれば、違憲訴訟が提起されることは間違いない。

もしも、最高裁が合憲判決を出せば、「自衛隊法」や「周辺事態法」が「憲法」の上位法規となってしまうかもしれない。ナチス期のドイツのように、民主主義の基底が完全に崩壊してしまうことになるであろう。

ヒトラーが強引に「全権委任法」を制定したのと次元は同じことかもしれない。その帰結は、侵略戦争であったことをわれわれは想起しなければならない。

軍事力強化への懸念

防衛省のシンクタンクである防衛研究所は、2014年4月4日に報告書「東アジア戦略の外観2014」を公表した。

安倍首相は、「わが国を取り巻く安全保障環境がいっそう厳しさを増している」として、2013年度予算で11年ぶりに前年を上回る防衛費を計上し、14年度予算も増額している。

報告書は、安倍首相は、中国や北朝鮮の脅威を強調し、軍事力の強化をはかっているが、このことは、軍拡競争を招き、北東アジア情勢の悪化につながっていると指摘している。

さらに、武器輸出を事実上解禁し、解釈改憲による集団的自衛権の行使などに突き進んでいる。

報告書は、「自国の安全を高める軍事力の増強が、他国にとっては脅威となり、対抗的な政策を引き起こ（し）……軍事的な緊張関係が高まり、北東アジアの安全保障環境の悪化を招いている」としている。

この報告書は、防衛省の公式見解ではないとはいえ、政府系の研究機関が首相の安全保障政策に懸念を示すのは、きわめて異例のことである（『日本経済新聞』２０１４年４月５日）。

（2）防衛装備移転三原則

武器輸出三原則

安倍政権は、２０１４年４月１日の閣議で、武器や関連技術の海外への提供を原則禁止してきた武器輸出三原則を47年ぶりに全面的に見直して、輸出を容認する防衛装備移転三原則を決定した。

戦後、「憲法」の平和主義を実効あるものとするために、日本は武器輸出をひかえてきた。

1967年に佐藤栄作首相（当時）が国会答弁で、①共産圏、②国連決議で武器輸出が禁止された国、③国際紛争当事国かその恐れのある国、への武器輸出を禁止すると表明したことで、武器輸出三原則がうまれた。

1976年には、三木武夫首相（当時）が国会答弁で、事実上の武器輸出の全面禁止を表明し、これが政府見解となった。

1983年には、ときの中曽根内閣の後藤田正晴官房長官（当時）が、アメリカ向けの武器技術供与を三原則の例外とする方針を決めたとの談話を発表した。

その後は、必要が生じたばあいには、官房長官談話の形で例外対応をしてきた。

政府統一見解で武器の輸出を禁止し、例外として、限定的に許可するというものであった。

防衛装備移転三原則

従来の武器の輸出にきびしい制限をもうけてきた方針を抜本的にあらためて、一定の条件をみたせば、武器輸出を認めると、大幅な制限緩和をしたのが、防衛装備移転三原則である。

2014年4月1日に閣議決定された防衛装備移転三原則というのは、つぎのとおりである。

原則1、国連安全保障理事会の決議に違反する国や、紛争当事国には輸出しない。

原則2、輸出を認めるばあいを限定して、厳格に審査する。

それは、①国際的な平和貢献に役立つ、②日本の安全保障に資するばあいである。

原則3、輸出は、目的外使用や第三国移転について、適正管理が確保されるばあいにかぎる。

一定の審査をとおれば、武器輸出が可能となるが、重要な案件は、国家安全保障会議（日本版NSCと呼ばれる）が非公開で最終判断をすることになっている。

この新原則では、武器輸出に歯止めがかからなくなるという懸念が出されている。

防衛装備移転三原則による武器輸出の解禁は、集団的自衛権の行使容認に向け、アメリカなど友好国との共同開発や技術協力で軍事的な連携を強めるねらいもあるといわれている（『東京新聞』2014年4月2日）。

安倍首相は、就任早々、アメリカなどと機密情報を密接に交換するために、日本版NSCを作り、情報漏洩に対する罰則を強化する「特定秘密保護法」を制定した。

防衛装備移転三原則は、こうした一連の軍事戦略・国際戦略の一環なのであろう。

平和国家から「死の商人」国家へ

安倍政権には、成長戦略がないといわれる。というよりも、世界史の現段階で、経済を安定的に成長させる戦略の構築など不可能である。

安倍政権が成立してから、防衛装備移転三原則の決定まで1年3カ月あまり経過した。ここまでは、円安・株高、消費拡大、消費者物価の上昇などで、アベノミクスなるものは、順張に効果を発揮しているようにみえた。

だが、それはもっぱら日銀の「異次元金融緩和」のおかげであって、安倍政権は、経済政策をなんら策定・実行してこなかった。おこなったのは、ただひとつ、旧態依然たる公共投資だけである。

成長戦略だと大々的に発表したら、マーケットにしっぺ返しをくらって、株価が暴落するしまつである。

そこで、安倍首相は、みずからの信念である戦争のできる国に生まれ変わって、世界から尊敬されるということを、貫き通そうとしている。就任以来の行動は、日本が戦後築き上げてきた平和国家から、戦争のできる国に、大転換させようとするものである。

安倍政権の高支持率は、デフレの克服による強い経済の構築に対する国民の期待である。だが、「政府傘下」にある日銀への依存だけでは、いずれ息切れをすることは、安倍氏自身もよく知っているはずである。

成長戦略を3回も発表しても、マーケットは、歯牙にもかけてくれなかった。

そうした、おりもおり、防衛産業で構成する経団連の防衛生産委員会は、２０１４年2月に武器輸出三原則を大幅に緩和するように自民党に提言した。この委員会は、三菱重工業や川崎重工業など約60社で構成されている。

武器というのは、きわめて高い技術が必要とされ、日本にとって、有力な輸出品である。しかし、法的根拠もなく、わけのわからない武器輸出三原則で、せっかくの輸出増加が阻害されていると考えるひとが多かったことであろう。

もちろん、武器輸出で稼ぐというのは、まさに「死の商人」であり、「憲法」９条を有する平和国家の名がすたるというものである。

経済が比較的好調なので安倍政権の支持率が高い。支持率が高いうちに、支持率の維持する政策を打つのはとうぜんのことであろう。

平和国家を捨てるのかと批判されても、景気を維持することを最優先しなければならない。そこで、安倍政権は、武器輸出による「成長戦略」に大きく舵を切ることになった。

日本の防衛産業の市場規模は、１兆６０００億円程度であるが、全世界の規模は40兆円以上である。

武器輸出が解禁されたことで、防衛産業の輸出が拡大し、武器などの国際共同開発にも参加することができる。

たしかに、日本の防衛産業は、防衛省からの受注に依存してきた、制服組を中心に防衛省からの天下りも多数受け入れている。国際競争力を高めることが、これからの防衛産業にせまられる。

だから、どんどん武器を外国に輸出できるようになるというのは、幻想である。それでも、潜水艦や救難飛行艇など、世界がほしがる武器も多い。

日本の防衛企業が、世界の防衛需要の1割を獲得できれば、じつに年4兆円の輸出となる。GDPをなんと1％近く引き上げることができる。輸出が増えるので、貿易赤字が減少し、GDP成長にも大いに寄与する。

しかも、世界の武器市場を拡大するのはかんたんである。あちこちで、戦争の火の手が上がれば、大量の武器が売れるからである。だが、その代償はきわめて大きいといわざるをえない。

平和国家を投げ捨てて、「死の商人」国家になり下がってしまうからである。

(3) 憲法解釈と裁判所

解釈改憲反対の世論

安倍政権の解釈改憲による集団的自衛権行使について、地方議会も危機感をもっているようである。

２０１３年9月以降、全国で59市町村（14年4月現在）が、集団的自衛権の行使を認める解釈改憲に反対するか、慎重な対応を求める意見書を可決し、政府や国会に提出した（『東京新聞』２０１４年4月7日）。

意見書が国会に届きはじめたのは、２０１３年9月に、安倍首相が、行使の容認派とみられる小松一郎氏を内閣法制局長官（当時）に起用してからだという。

世論調査でも、解釈改憲による集団的自衛権行使の容認に反対が増えてきている。

『日本経済新聞』（２０１４年4月21日）がおこなった世論調査によれば、集団的自衛権の行使を認める憲法解釈の変更に、49％が反対し、賛成の38％を上回った。無党派層では、反対が62％にのぼり、賛成は22％にとどまっている。

『東京新聞』（２０１４年4月30日）がおこなった世論調査によれば、戦争放棄や戦力を保持しないと定めた「憲法」9条を「変えない方がよい」が62％で、「変える方がよい」の24％を大きく上回った。

しかも、「変えない方がよい」は、２０１３年6月の58％から増え、「変える方がよい」は33％から減っている。

解釈改憲による集団的自衛権行使の容認についても、反対が半数の50％と、賛成の34％を大きく上回っている。

安倍首相は、当初、「憲法」96条を先行的に見直して、国会手続きを緩和するなどして９条の改憲につなげようとしたが、それがむずかしいとみるや、今度は、国会手続きもへない閣議決定による解釈改憲に方針を転換した。

こうした安倍首相の政治姿勢に対して、「政治のルールを無視した強引な対応」（35％）、「一貫性がなく信頼できない」（17％）と批判的な見方をするひとが半数を超えている（同紙）。

ドイツ連邦憲法裁判所

ときの政府が勝手に「憲法」解釈を変えないように、憲法裁判所を設立する必要がある。

今回のように、政府が勝手に「憲法」解釈を変えようとしても、憲法裁判所が、現行「憲法」９条では、集団的自衛権の行使を認めていないと判断すれば、行使できない。じつに明快である。

ドイツでは、１９４９年に「基本法（憲法）」が制定されるのにともなって、ドイツ連邦憲法裁判所が新設された。

それは、ナチスが「ワイマール憲法」を恣意的に解釈し、侵略戦争に突入したことに対する反省によるものである。これは、戦争責任・戦後責任をとり、過去の克服をおこなうというものである。

ドイツ連邦憲法裁判所の裁判官は16人で、連邦議会（日本の衆議院に相当する）と連邦参議院（各ラントの代表者によって構成される）が、法曹関係者から選ぶ。政府与党の意向がゴリ押しされないような配慮がなされているといわれている。

裁判官は40歳以上で、任期は12年間で再任はできない。

ドイツ連邦憲法裁判所への申し立ては、年間じつに約6000件あるが、もちろん、そのすべてを審理するわけではない。必要度の高いものが審理される。

日本では、「憲法」81条で、憲法判断は最高裁判所がおこなっている。したがって、ドイツのように、憲法裁判所を設立するには、「憲法」を改正しなければならない。

ただ、現行「憲法」下でも、最高裁憲法部を設置して、衆参両院で、専門の裁判官を選出すれば、可能かもしれない。

（4）安保法制懇の報告書

安保懇の報告書

2014年5月15日に首相の私的諮問機関である「安全保障の法的基盤の再構築に関する懇談会（安保法制懇）」が、集団的自衛権の行使容認などを求める報告書を安倍首相に提出した。

報告書の概要は、つぎのとおりである。

政府は、これまで自衛のための「措置は、必要最小限度の範囲にとどまるべき」と解釈してきたが、この「必要最小限度」のなかに、集団的自衛権の行使も含まれると解釈して、行使を認めるべきである。

集団的自衛権を行使するさいには、わが国への直接攻撃に結びつく蓋然性が高いか、日米同盟の信頼がいちじるしく傷つき、その抑止力が大きく損なわれるか、国際秩序が大きく揺らぐか、国民の生命や権利がいちじるしく害されるか、その他、わが国への深刻な影響がおよぶか、といった諸点を政府が総合的に勘案して責任をもって判断すべきである。

個別的または集団的自衛権を行使する自衛隊部隊の活動の場所に「憲法」解釈上、地理的な限定を設けることは適切ではない。

国連の集団安全保障措置は、わが国が当事者である国際紛争を解決する手段としての武力の行使にあたらず、「憲法」上の制約はないと解釈すべきである。

「憲法」には、個別的自衛権や集団的自衛権についての明文規定はなく、前者も政府は、「憲法」解釈を整理することで認めた経緯がある。

こうした経緯から、必要最小限度の範囲の自衛権行使には、個別的自衛権にくわえて、集団的自衛権の行使が認められるという判断も、政府が適切な形であたらしい解釈をあきらかにすることで可能であり、「憲法」改正が必要であるという指摘はあたらない。

首相の会見と与党協議

安保法制懇の報告書の提出を受けて、安倍首相が記者会見をおこなって、つぎのように語った。

報告書は、国連の集団安全保障措置への参加など、国際法上、合法な活動に「憲法」上の制約がないとしているが、「憲法」がこうした活動のすべてを許しているとは考えない。自衛隊が武力行使を目的として、湾岸戦争やイラク戦争での戦闘に参加するようなことは、これからもけっしてない。

わが国の安全に重大な影響をおよぼす可能性があるとき、限定的に集団的自衛権を行使することは許されるという考え方については、与党協議にはいりたい。

「憲法」の前文と第13条（生命、自由、幸福追求の最大の尊重）の趣旨をふまえれば、自国の平和と安全を維持し、その存立をまっとうするために必要な自衛の措置をとることは禁じられていない。

そのための必要最小限度の武力の行使は許容される。

与党協議の結果、解釈の変更が必要と判断されれば、改正すべき法制の基本的方向を閣議決定していく。

安倍首相は、このように述べて、5月20日から与党協議が開始された。

そして、安倍政権は、２０１４年7月1日、ついに現行「憲法」下でも集団的自衛権を行使できるという閣議決定をおこなった。

エピローグ―アジアの日本をめざす

日本経済のあり方

いわゆるアベノミクスなるもので、デフレが克服しつつあるといわれている。

しかし、それは、日銀に圧力をかけて円安誘導し、輸出企業に儲けさせ、株価を引き上げるというものである。株高で儲けた個人投資家などの消費拡大によって、消費者物価を引き上げ、景気を高揚させている、というものにすぎない。

このままでは、財政赤字が雪だるま式に増えるなかで、経済・賃金格差のさらなる拡大、福祉の切り下げ、預金の目減りなどで、庶民がますます苦しめられることになる。

日本は、先進国でダントツの財政赤字を減らすため、健全財政の構築をせまられている。

そのためには、大企業の優遇や天下り法人などへの無駄な歳出を徹底的に減らし、庶民増税をおこなわずに、財政赤字を減らす必要がある。しかし、それでは景気が後退し、かえって税収が減り、財政赤字が増えてしまう。

したがって、環境保全・脱原発による産業構造の変革、高賃金・高福祉・長期有給休暇による内需拡大型の経済構造を構築することで、経済を成長させる必要がある。そうすれば、税収が増加し、健全財政に向かう。

環境保全を企業活動やひとびとの生活にきっちりと組み込めば、産業構造を根本的に変革することができる。

脱原発を進めれば、エネルギー革命が進展して、温暖化の防止になるし、産業構造が大転換するので経済が成長する。ガソリン車は電気自動車に代わる。

現代経済では、賃金の引き上げをしなければ、デフレと不況から本格的に抜け出せないということがあきらかになっている。

それにもかかわらず、リーマン・ショック以降、大企業はなかなか賃上げをしてこなかったので、デフレが克服されず、景気が本格的に回復することはなかった。

高賃金・高福祉とドイツのように4週間（実際には6週間）の長期連続休暇を実現すれば、ひとびとはどんどん地方に出かけていくことになるので、内需拡大型の経済成長が可能となる。

ここで強調しておかなければならないことは、教育の機会均等をしっかりと確保しなければならないことである。所得の低い家庭の出身者が、塾にも行けず、能力があるのに、希望する大学に入学できないという事態が深刻化している。

これは、「すべての国民は、……その能力に応じて、ひとしく教育を受ける権利を有する」という「憲法」26条違反である。

教育への国庫補助の増額、給付型の奨学金の拡大などをおこなう必要がある。

広域経済圏結成の必要性

日本で内需拡大型の経済成長を進めなければならないのは、「すべて国民は、健康的で文化的な最低限度の生活を営む権利を有する」という「憲法」の規定に忠実でなければならないからである。

しかも、輸出が、もはや日本経済の成長を牽引するセクターでなくなってきている。

貿易収支が黒字でなければ、じつは、ドイツのように、高賃金・高福祉・長期有給休暇などによる経済成長を実現するというのは、それほどかんたんなことではない。日本やドイツは、アメリカと違って、国内市場がきわめて狭いからである。

貿易収支の赤字が恒常的になるのであれば、海外への投資による収支である（第一次）所得収支の黒字を増加させる必要がある。したがって、貿易収支と所得収支などからなる経常収支の黒字を維持する政策をとらなければならない。

所得収支の黒字を増やすには、さらなる海外への証券投資と直接投資をおこない、多くの投資収益を獲得する必要がある。

証券投資収益を増やすとともに、企業が海外企業を積極的に買収し、配当などがえられれば、所得収入が増えていく。こうした所得収入が増え、そのおかげで税収が増大していけば、賃金の引き上げ、福祉の充実、長期有給休暇が実現できるようになる。

従来型の製造業を海外に移転し、日本では、研究・開発と海外企業の経営に特化していけばいい。海外では、地球環境に配慮し、良好な労働条件のもとで生産をすれば、当該国での雇用の確保と経済成長が実現できる。

とくに、中国の経済成長を環境保全と調和のとれた形で進めるためには、日本の環境保全技術が不可欠である。

現状のような中国の経済成長を放置すれば、日本の環境がさらに悪化してしまう。大量のPM2・5が日本中に飛来すれば、いずれ肺がんが続出する。

このような国際戦略を十全のものとするためには、ヨーロッパのように経済共同体を構築する必要がある。もしも、アジア共同体のようなものが設立されれば、これがひとつの経済圏となる。

ところが、現状では、中国や韓国を含む経済共同体の結成は不可能にちかい。日本は、「憲法」9条で戦争を放棄することで、戦前・戦中の中国や韓国をはじめとするアジア侵略を真摯に反省したこともあって、戦後、アジア諸国に受け入れられてきた。にもかかわらず、安倍政権は、その大前提を「憲法」の解釈の変更によって変え、集団的自衛権の行使を可能にしているからである。

「憲法」の遵守

「日本国憲法」というのは、日本人によって起草されたものではなく、アメリカによって押し付けられたと主張するひとがいる。だから、変えなければいけないと言い張るのである。

もちろん、アメリカ占領軍との協議によって作られたということは事実であるが、「日本国憲法」の基本は、あくまでも日本側が作成したのである（伊藤真、前掲書）。

「憲法」の前文は、リンカーンの演説やアメリカ独立宣言や大西洋憲章とかの寄せ集めといわれている（西修『憲法改正の論点』文春新書、2013年）。

しかし、近代市民社会の法的骨格を形成した重要な宣言や名演説などを踏襲するのは、悪いことではないであろう。歴史からしっかりと学んでいるということだからである。

ただ、アメリカの独立宣言から踏襲されたということは、200年以上たってからということとになる。もしも、取り入れられるべきであったとすれば、「明治憲法」だったのではなかろうか。

「憲法」9条で「戦争放棄」、「戦力の不保持」、「交戦権の否認」を宣言し、「実力部隊」としての自衛隊が創設されても、もっぱら専守防衛に徹してきた。ひとりもひとを殺してこなかった、戦死者も出なかったということは、それはそれとしてすばらしいことである。

ただ、かつての小泉政権のときにイラクの「非戦闘地域」に自衛隊が派遣されたが、帰国した自衛隊員にすくなからず自殺者が出ているようである。この事実は重大である。

この「憲法」を改悪して、戦争のできる国にしようというのが安倍政権のもくろみである。「憲法」改正がむずかしいとなると、今度は、9条の解釈を変更して、集団的自衛権の行使ができるようにした。いずれ、「国連憲章」にある集団的安全保障にも参加できるということになるのであろう。

もしも、かつての小泉政権時に政府が、集団的自衛権を行使できると解釈の変更をしていれば、アメリカのイラク侵攻に自衛隊もくわわって、武力行使をおこなっていたかもしれない。

とりわけ、アメリカが、イラク侵攻は、自衛の戦争であると主張したことが重大である。イラクへの侵攻の大義名分は、当時のフセイン政権が大量破壊兵器を隠し持っているといものであったが、これが真っ赤な嘘だったからである。

本来であれば、さしずめ「ワシントン裁判」という戦争裁判がおこなわれて、平和に対する罪、刑務所における捕虜の虐待、十万人あまりにものぼる市民の殺害で戦争犯罪に問われるはずである。

アメリカとともに侵攻したイギリスでは、当時のブレア政権が国内外ではげしい批判をあびたのはとうぜんのことであった。それにもかかわらず、小泉元首相は、なんの責任も感じていないかのようであった。

解釈改憲も含めて「憲法」改悪（劣化）を許してならないのは、平和「憲法」をなんとしても守る必要があるからであるとともに、日本の戦争責任と戦後責任をとることによる戦後の克服のまさに象徴だからである。

したがって、「憲法」を改悪するということは、戦争責任・戦後責任をはたすことをやめるということになる。過去の克服をしないということである。そうすれば、アジア諸国は、日本がふたたびアジアを侵略する国になったと受け取ることであろう。

いずれ、日本は、アジアから排除されてしまう。

だから、経済的な観点からしても、なんとしても現行「憲法」を遵守しなければならないのである。

アジアの日本へ

戦後の日本の高度経済成長は、アメリカの国際戦略に組み込まれる形で達成され、高度経済成長が終息すると、欧米のマーケットに進出することによって経済成長を持続することが可能であった。

金融セクター主導の経済成長を模索した資産バブルが崩壊すると、日本企業は、低賃金を求めて中国をはじめとするアジア諸国に生産拠点を移した。

高度経済成長から資産バブルまでは、日本企業は、欧米のマーケットに依存していたので、アジアについては、ほとんど考慮する必要はなかった。ドイツのように、「中国」に政治・軍事を依存する形で、アジアの統合に参画するという必要もなかった。

1990年代初頭に資産バブルが崩壊してアジアに生産を依存するようになったが、あくまでも低賃金労働者を「借りる」というものにすぎなかった。日本企業の生き残りのためであったからである。

ここまでは、「アジアのなかの日本」にすぎなかった。

ところが経済・産業構造が大転換するなかで、日本は、アジアの経済統合に参加していかなければならなくなってきている。

アセアン（ASEAN）は、2015年に経済統合をおこなうことになっている。域内の関税の撤廃をさらに進め、サービス分野の相互参入規制の緩和などがおこなわれる。２０１８年には、域内関税がほぼ全廃される。

アセアンの２０１２年の域内貿易額は６０１０億ドルと、09年からわずか4年でじつに6割増加し、ＧＤＰは、２０２０年に4兆５０００億ドルと現在の倍になるといわれている。いずれ日本と同等の経済圏となる可能性が高い。ここに日本が積極的に参加していかなければ、日本は、これから経済を成長させることはできない。「アジアのなかの日本」から、ドイツのように、「アジアの日本」に深化していかなければ、日本の生き残る道はないのである。

解釈改憲を含めて「憲法」改悪（劣化）は、日本が「戦争をしない国」から、「戦争をする国」に大転換することにほかならない。アジア諸国はそのように受け取るであろう。しかも、安倍政権は、自衛隊の軍隊化、言論統制、教育の国家統制などを進めつつある。第二次世界大戦の戦争責任・戦後責任をとることによる過去の克服を放棄し、「軍国主義化」する日本の脅威をアジア諸国が警戒するようになれば、日本は、アジアの統合から完全に排除される。

南シナ海でのベトナムなどとの衝突で、どうなるかは不明であるが、経済的果実は、中国が享受することになるであろう。中国は、経済を成長させるためには、軍事力の拡大とみずからの経済圏を拡大していく道しか残されていない。

もし、そうだとすれば、日本は、いままでのようにアメリカ依存の経済を続けざるをえなくなる。

アメリカの戦争に加担し、TPP（環太平洋パートナーシップ協定）に参加すると、農業や国民皆保険が崩壊することが懸念されている。財政赤字の累増により、年金や福祉の切り下げ、増税のあげく、インフレで庶民の預貯金が収奪される。

これこそ、まさに「憲法」劣化の不経済である。

「憲法」を遵守し、アジアの経済統合に参加することで、ドイツのように、高負担が前提であるものの、ある程度の高賃金・高福祉・長期有給休暇などを実現できるようになるだろう。

同じ敗戦国ドイツの生き方の、まさに、いい面を、いまこそ学ばなければならないのである。

日本の生き残りのために

残念ながら、現状の日本は、1000兆円以上の政府債務残高を、緊縮財政と増税によって解消することは、ほとんど不可能である。

10％～20％程度のインフレの高進によってしか、財政赤字を解消できない。すなわち、日銀の「異次元緩和」・「追加緩和」の冷厳なる帰結は、インフレの高進である。庶民の犠牲のもとに、「財政再建」がおこなわれるということである。

これを回避する道は、アジアの経済統合への参画しかない。

中国や韓国、アセアンのGDPは、日本の3倍はある。

日本をあわせれば2000兆円にもなるだろう。虫のいい話であるが、1000兆円の政府債務残高のGDP比は50%程度となり、財政規律のきびしいドイツよりも健全財政に生まれ変わる。

政府債務残高の半分500兆円あまりの国債をアジア諸国の外貨準備に組み込んでもらえれば、円の国際化も進むし、過重な債務負担とはならない。円がアジアの「基軸通貨」になれる。その経済的利益は「巨額」である。

そのためには、戦後日本がおこなってきた戦争責任・戦後責任をはたすことによる過去の克服を、いささかなりとも変更させてはならないのである。

「憲法」劣化は、平和国家という崇高な理念を捨て去るだけでなく、「健康で文化的な『最高』限度の生活を営む権利を有する」日本国民がその生存を事実上、「放棄」させられることにほかならないのである。

【著者紹介】

相沢幸悦（あいざわ　こうえつ）

現職　埼玉学園大学経済経営学部教授、川口短期大学ビジネス実務学科客員教授

慶応義塾大学大学院経済学研究科博士後期課程修了、経済学博士

【主著】

『品位ある資本主義』平凡社新書、2006年

『平成金融恐慌史』ミネルヴァ書房、2006年

『品位ある日本資本主義への道』ミネルヴァ書房、2010年

『日本銀行論』ＮＨＫブックス、2013年

『環境と人間のための経済学』ミネルヴァ書房、2013年

その他多数

憲法劣化の不経済学——日本とドイツの戦後から考える

2015年1月31日　第1刷発行　定価（本体2500円＋税）

著　者　相　沢　幸　悦

発行者　栗　原　哲　也

発行所　株式会社日本経済評論社

〒101-0051　東京都千代田区神田神保町3-2

電話 03-3230-1661　FAX 03-3265-2993

URL：http://www.nikkeihyo.co.jp/

印刷＊藤原印刷／製本＊誠製本

装幀＊渡辺美知子

ISBN978-4-8188-2369-3　C0033　乱丁・落丁本はお取り替えいたします。